hito*yume book

教育評価を学ぶ

――いま問われる「評価」の本質

文溪堂

プロローグ

「教育評価」とは何か

教育には、「評価」がつきものです。テストをやったり、成績をつけたりすることは、教師にとって大事な仕事の一つです。

しかし、「評価」とはそもそも何なのか、何のためにするのかということを意識しながらそれらをやっているでしょうか。授業をしたら、それについてのテストをやって、その点数によって成績をつける……。そういったルーティン、つまり習慣化した流れの中の要素の一つとして「評価」をやっているということはないでしょうか。

「教育」とひと言で言いますが、社会的には大事業です。現在、日本の小学校から大学に通う児童、生徒、学生の人数はおよそ１５００万人と言われます。

彼らを教える教師も１００万人以上います。そして学校教育には、有形・無形のさまざまな資本が投入されています。税金による予算措置だけでも莫大なものですが、それに加え、子どもを育てる保護者はもちろん、学校を支える多くの人々のエネルギーが、そこに注がれているのです。

これだけの大事業を行うのですから、その目的が達成できているのかどうか絶えず検証しなければなりません。

子どもたちは、学ぶべき知識を習得できているのか、身につけるべき技能は大丈夫なのか、人間としての成長、成就ができているのか……。やがて彼らが世の中に出たときに、一人の人間として、そして、社会の一員としてきちんとやっていくために必要な力を獲得しているのか。本当の「巣立ち」に結びついているのか――。

これらを確認すること、それが学校教育における「評価」なのです。評価の結果を次に生かすことによって、問題点が解消され、教育の実質があがるのです。それによって、子どもたちの人生が、より豊かで充実したものになっていくのです。

ところが、この「評価」には、非常に厄介な副作用があります。

「競い合い」と「序列化」です。

これは、教師だけでなく、保護者や学校を取り巻く人々、さらには社会全体に見られる由々しき問題です。

子どもが学校からテストを返される。あるいは成績をもって家に帰る。すると、例えば平均点と比較して「あら、平均点よりも低いなんて駄目じゃない」とか、「○○君よりも点数が良かったなんてすごいね」といった会話が、普通に行われていると思います。

家庭だけではありません。例えば学校での保護者面談で「○○さんは常に上位をキープしているので心配ありません」とか、「最近、下のほうで低迷していますよ」などといった説明が行われていたりします。

評価とは本来、子ども一人ひとりについて、学ぶべきことが学べているか、できるようになるべきことができるようになっているか、人間的にどれだけ成長しているか、「巣立ち」に向かって順調に歩んでいるか、ということを見とるために行うものです。テストの点数が平均点よりも低いということは、確かにその子どもの到達度合いを知るための指標の一つにはなりますが、「だから駄目」ということではありません。ましてや、○○さんよりも点数が良いとか、△△さんよりも順位が下だとかといったことは、「評価」の本来の目的からしたら、何の意味もないことです。

ところが、現在の日本の社会では、ともするとテストの点数や成績の高低によって、人と人との比べ合いをし、あの人が上だとか、この人が下だとか言っていることが多いように感じていますが、いかがでしょうか。

何のための「教育評価」か

そもそも、学校教育における「評価」は、ラップ・タイム、つまり途中経過の評価であることを忘れてはなりません。

何度も申し上げますが、学校教育の最終的な目的は子どもたちの「巣立ち」

にあります。したがって、学校教育で日々行われている「評価」は、どれも子どもたちの成長過程の各時点において、「巣立ち」に向かってどの程度学んでいるか、身につけているか、成長しているかを確認するものにすぎません。ラップ・タイムはあくまでもラップ・タイムであって、ゴール・タイムではないのです。にもかかわらず、ラップ・タイムにすぎないテストの点数や成績を、あたかもゴール・タイムのように扱う人々のいかに多いことでしょうか。

例えば、一つのことを学ぶときに、1時間で覚えてしまう子どももいれば、5時間も6時間もかかる子どももいます。すると、多くの人々は「1時間で覚えてしまう子ども」のほうが優秀だね――と感じると思います。

本当にそうでしょうか。

同じことを学ぶのに短時間で済んだほうが、効率はいいように見えます。しかし、学びとは作業ではありません。大切なのは、その学びを通して子どもがどう成長するかということです。時間効率によって結果が左右されるものではないのです。

むしろ、1時間で覚えてしまった子どものほうが危ういかもしれません。1

時間で覚えたことを、その後もずっと覚えているでしょうか。１時間で覚えたけれど、そのあと遊びに夢中になってしまい、せっかく覚えたものを忘れてしまうといったことはよくあることです。一方、５時間かかった子どもはどうでしょう。友達が早く終わらせて遊びに行っているのに、自分はなかなか理解することができない。泣きながら頑張ってやっと理解できたこと、覚えたことは、そう簡単に忘れることはありません。

もちろん、学んだことを忘れるか、忘れないかということだけではありません。

５時間かかった子どもは、「苦しくてもくじけないで頑張れば、成果を得ることができる」という体験をしました。あるいは、はじめのうちは「こんなに難しいことは自分には無理だ」という思いに苛《さいな》まれたかもしれませんが、５時間後には「自分だってやればできるのだ」という自信を手に入れたことでしょう。

それにくらべ１時間で終わらせることができた子どもは、「苦しいけれど頑張る」という体験が不足してしまいます。「無理だと思うことでも、頑張れば自分もできるようになる」と実感できる機会も少ないでしょう。

この二人が10年後、20年後に社会に出たときにどうなるか。現実の社会では、はじめから解決方法が分かり、簡単にできることばかりではありません。絶対に無理だと思われるようなことに対しても臆せず取り組み、成し遂げなければならないことも多くあります。

そのとき、何とか結果を出すことができるのは、「苦しくてもくじけずに頑張る」ことができる人です。「もう駄目だ」と思っても最後まで自分を信じて逃げ出さずにいることができる人です。一つの学びに5時間かかり、それでも最後まで頑張ることができた体験が、そこに結びつくのです。

テストで90点だった子どもと40点だった子ども。90点の子どもは「すごいね」と拍手され、40点の子どもは「かわいそうだね」と言われる……。しかし、90点も40点も、途中経過にすぎません。90点の子どもが拍手を受けたことで慢心し、勉強をおろそかにしてしまうかもしれない。40点の子どもが「なにくそっ」と発奮して努力を積み重ねるかもしれない。その結果を考えたら、90点と40点のどちらが素晴らしいと、簡単に言うことはできないのではないでしょうか。

実はこういった考え方は、私が急に言い出したことではありません。第二次世界大戦の前、１９４０年代にアメリカの教育学者ラルフ・タイラー（Tyler, R. W.）が提唱したものです。それを戦後になって、タイラーの弟子であるベンジャミン・ブルーム（Bloom, B. S.）が発展させ、体系化しました。また、１９７１（昭和46）年にはユネスコが世界中の教育専門家を集め、６週間に及ぶグレナ・セミナーを開催するなどして、世界に広がっていきました。

これらの詳細は本書で述べますが、一人ひとりの子どもにしっかりと関わることによって彼らの力を最大限に伸ばしていくことが「教育」の本質であり、「評価」とはそれを実現するために不可欠な機能の一つであるということは、時代を経ても不変のことです。

しかし、現実の世界を見たとき、「評価」がその本来の機能を十分に果たしているかと言えば、残念ながら簡単に頷くことはできません。

願わくば本書を通し、学校教育における「評価」とは何なのか、どうあるべきなのか、何が必要なのかということを捉え直すきっかけとしていただき、「評価の本質」とは何なのかをいま一度考えていただければと思います。

もくじ

資料編　実態を把握するための評価方法とその関連……196

第1章 教育評価の働き

1 教育評価ということ

子ども達は学校に行くとテストを受けさせられたり、成績をつけられたりします。こうしたことはときに嫌がられることもありますが、学校という教育機関では、どこの国でもいつの時代でも当然やるべきこと、当たり前のこと、とされてきました。どうして学校ではテストとか成績づけといった教育評価が当然のこと、必要なこととされるのでしょうか。まず最初に、このことを考えてみたいと思います。

テストでも成績づけでも、教育評価と呼ばれるものは、何よりもまず、教育活動の中でどのような学びの成果があがっているか、どのような育ちが実現しているか、を確かめるためのものです。そして現在では、その結果を次のステップに向けて教育的にどう活用するか、ということが強調されています。このように、テストでも成績づけでも、教育評価とは、学びと育ちの結果を見てとり、何らかの基準でそれを判断し、次のステップに向けてそれを生かす、ということと言ってよいのです。

ＰＤＣＡサイクル（Plan＝計画／Do＝実施／Check＝評価／Action＝是正行動）ということがよく言われます。教育評価とは、直接的にはこの［C］の働きであり、また妥当適切な形で［A］に導く働き、ということなのです。

教育評価には、教育に関わるあらゆる評価的活動が本来含まれるわけですから、褒めたり叱ったりなど形にならない評価もそこに含まれます。しかし、どうしても強くこだわってしまうのは、テストの得点や通知表での成績になりがちでしょう。こうしたテストの得点や学業成績であっても、ＰＤＣＡサイクルの中にうまく位置づけられていないなら、本来の教育評価としては意味のないものと言わなくてはならないのです。

何のための評価か分からないような評価では無意味です。実現すべき目標が何であったのか明らかでない、評価したらそれで終わりで次の何かに繋がっていくわけでない、といった評価は、誰にとっても嫌なこと、ナンセンスなことです。教育的な意味を見失ったまま、ただ惰性的に評価が行われるならば、教育的に困った副作用が生じてくるだけのことになります。

成績や得点によって自信を失ったり劣等感を持ったりする子どもが出てきたりします。また逆に、変な優越感を持って努力しなくなる子どもが出てくることもあります。周囲からの目も、成績や得点によって、あの子は「できる子」、あの子は「できない子」とレッテルを貼りつけてしまうこともないわけではありません。このため、その子の持ち味、その子らしい良さ、その子に特有の可能性、といった大事な点が、親や教師にも、そしてその子自身にも見えなくなってしまいがちになります。これに加えて、教師によっては、評価など教育そのものとは無関係な事務的な仕事あるいは雑用だと考えて、迷惑がられることも少なくありません。

こういうことですから、一部の教育関係者にとって教育評価は不人気だったりします。できるだけ避けて通りたい問題のように感じている人もいるでしょう。評価なしで教育できたらどんなに素晴らしいだろうか、評価なんて考えないで活動に没頭できたらどんなにいいだろうか、と考えている教師もいるのではないでしょうか。

しかし、それほど嫌なことだったら本当はやめたらいいわけです。特に、世の中がいろいろと乱れているような時、戦争に負けたとか、内乱が起こったとか、大災害に襲われたとか、そういう時に社会的混乱に乗じて、そういう嫌な評価など学校から追放してしまったらいいのです。しかしながら実際には、いろいろな社会的混乱にもかかわらず、ヨーロッパでも、中国や日本でも、非常に古い時代から連綿として教育評価が行われてきています。戦争があったり大災害があったりしても、学校があるところではどこでも、テストや成績づけが行われてきたのです。

これは、考えてみれば本当に不思議なことです。どうしてそういうことが起こったのでしょう。よほど深い理由があったから、よほど必要なことだったから、学校では評価をやらざるをえない、ということがあったのではないでしょうか。

日本できちんとしたテストとか成績づけが初めて行われたのは、７世紀の飛鳥時代、天智天皇の時代だと言われています。律令制を整備していく中で豪族や渡来人の子どものために公立の学校が設立され（都に大学が、諸国に国学が設けられる）、四書五経といった中国の古典を学ぶことが定められました。そこでは10日に一度のテスト（旬試）と、学年末試験に基づく成績づけ（年終試）が制度として定められています。しかも最低到達基準が定められており、テストで６割以上ができないと罰として鞭や棒が待っており、学年末試験で８題のうち４題以上ができないと成績が「下」となって落第ということになったのです。このような厳しさですから、当時の子ども達もテストや成績づけを必ずしも心楽しく受け止めるというわけにはいかなかったでしょう。

いずれにせよ、教育評価は世の中が大きく乱れた戦国時代にもすたれることはありませんでした。そして長い年月にわたって、学校があれば必ずテストがある、成績づけがある、ということで現在に至っているのです。このように連綿とテストとか成績づけをやってきたのには、よほどの理由があったのでしょう。やはり、体系的な教育をきちんとした形でやっていくためには評価活動が不可欠である、ということを関係者の多くが認識していたのではないでしょうか。評価が大事な教育的な働きを持っていることを、長い年月にわたって関係者の誰もが薄々ながらも分かっていたのではないでしょうか。

欧米では１９６０年代以降、日本でも１９７０年代以降、教育評価の意義を問い直し、強調する動きが強くなりました。教育評価にはどのような必要性あるいは必然性があるのか、誰もがときに嫌になりそうな評価、教育的にも副作用が強く予想されるような評価を、なぜ敢えて教育活動の中でやらなくてはいけないのか、です。つまり、評価の存在理由（レゾン・デートル）とは教育的にいったい何なのか、が改めて問われたのです。

2　学習する側における評価の意義

まず、学習する側にとって評価とはどのような意味で有用であり必要なのでしょうか。これには少なくとも次の３点が考えられることになるでしょう。

(1)　学習のペースメーカーとなる

まず第一は、外側からの評価のスケジュールが適切であれば、それに合わせる形で着実な学習の積み重ねが可能となる、ということです。外的な評価が学習にとってのペースメーカーになるのです。

１回ごとに完結するような学習であるなら、その時間が充実しているというだけで結構です。しかし、多くの学習は、長い年月にわたっての積み重ねを必要とします。前にやったことが分かっていなくては、次のステップの学習が十分にできません。だからこそ、学習をやりっぱなしにするのではなく、どこかできちんと復習をして身につける努力をしなくてはならないのです。その機会となっているのが、現実には、テストとか成績づけなどの評価活動なのです。

人間は基本的に弱い存在です。授業の中だけで十分に分かったわけでないということを感じていたとしても、自発的にもう一度復習してみるということはなかなかできないものです。外側から何らかの形で強制力が働き、やむをえずということでなくては、きちんとした復習の習慣がつくものではありません。自分の願いに支えられ、自分の力だけで一歩一歩着実に学習を積み重ねていける人もいないわけではありませんが、それが可能なのはごく例外的な人だけでしょう。このことを我々は銘記すべきではないでしょうか。

例えば、語学の勉強のことを考えてみてください。毎年４月になると多くの人が、今年は中国語をマスターしよう、フランス語をマスターしよう、スペイン語をマスターしようと、テキストや辞書を購入したり、テレビやラジオの講座で勉強を始めたりします。しかし、自分だけでテキストを頼りにやっていく、あるいはテレビやラジオの講座を頼りに学んでいくということですと、多くの人は長続きしません。たいてい夏休み前に挫折してしまいます。これはどうしてなのでしょうか。やりたいことをやりたい時にやりたいだけやれば一番いいようなものですが、人間は基本的に弱い存在ですから、それではなかなか着実な積み上げをやっていくことができないのです。学習の積み上げをしていくためには、どうしても外側から何らかの縛りが必要となってくるのです。

新しくスペイン語を始めるとしましょう。１カ月したら基礎的な単語や日常の挨拶などについてテストがあるということが分かっていますと、やはりそれを目指して勉強するのではないでしょうか。そしてテストの前にはもう一度おさらいをして、何とかマスターするように頑張るはずです。こういうふうに1年間、例えば毎月毎月のテストを一つの励みとし、めあてにして学習を積み重ねていくならば、日常生活に困らない程度のスペイン語能力を身につけることができるはずです。このように評価ということには、学習に対する定期的な外的刺激、その意味でのペースメーカーとしての働きがあるのです。

(2) 自己認識の機会となる

第二は、外側からの評価によって自分自身の姿に気づく、ということです。つまり、外側からテストされ成績をつけられることによって、自分というものが、特にその光と影について、あるいは強みと弱みについて、いろいろな形で見えてくることになるのです。これは教育評価が学習する側に対して、いわば鏡のような働きをして、新たな自己認識を促すわけです。外的な評価が自己認識のきっかけになる、あるいは自己認識の中身を与えてくれるのです。人間には誰でも自分のことは肯定的に見たいという気持ちがあります。誰もが心の底に、いろいろあるけれど結局はこういう自分でいいのだ、と思いたい気持ちを持っています。自分自身を受容・肯定しなくては積極的に生きていけない、という事情があるとはいえ、これが行き過ぎると独善的になり、より高次の段階に向かって伸びていくことが不可能になります。こういう人に対しては、「まだまだこういう点では駄目だよ。自分で満足していてはどうにもならないよ」ということを、直接の指導・助言として、あるいは試験の点数や成績評価として、示していかなければなりません。これを学習する側で的確に受け止めることによってはじめて、独善の泥沼に落ち込まないで着実に学習を積み上げていくことが可能になるのです。

もちろん、独善への歯止めと言うだけではありません。大人でも子どもでも、自分でどんどん伸びていく人は、常に「まだまだ」と自分の現状を厳しく見ています。しかし、これが行き過ぎると病的な完全主義となって、自分の現状を受け入れ、肯定することができなくなって、にっちもさっちも行かなくなることがあります。こういう人に対しては、「あなたとしては満足できない点があるかもしれないけれど、今の段階では、そのくらいできれば御の字だよ」といった教師の外的な評価が、大きな救いとなるでしょう。本人はそれによって自分の現状を、それなりに受容・肯定してみることができるようになるのです。良いところばかりの人はいませんし、悪いところだけの人もいません。人間は誰しも、光と影、強みと弱みを持っています。しかし、自分自身について光と影の両方がバランスよく見えてくるということはなかなかありません。だからこそ外側から自分についての多様な情報をフィードバックしてもらう必要があるのです。この意味でテストとか成績づけが自分を見つめ直すための外的な情報として役立つことがあるということは、見落とすことはできない大事な働きです。外的な評価によって外の世界からの目や外的な期待水準に気づかされるのです。

(3) 価値の方向に気づく

第三は、外側からの評価に接していくことによって、自分に期待されている価値の方向性に気づく、ということです。

例えば、一生懸命に絵を描くという活動に没頭しているとしましょう。それはそれでいいのですが、教師から「うーん、ここはもうちょっと……」といった指摘をされたりすると、教師が期待している画面構成、色彩構成の方向がどのようなものか、少しずつ分かっていくことになります。そしてそれによって、自分の独り善がりの世界から抜け出して、より高次な価値の世界に目覚めていくことになるのです。音楽でも絵画でも文学でも芸術的な世界での師弟関係は、何よりもまず、こうした基本構造を持っています。

あるいは、何かの教科のテストを受けるとしましょう。何点取れるかということもさることながら、どのような問題が出題され、どのような配点がなされているのかで、その教科の学習に関してその教師が何をどの程度に重視しているか、暗黙のうちに伝わってくることになります。これによって、学習すべき内容や程度、そこでのものの考え方などが分かってくることになるのです。このような評価の機能は、教師の「教える」活動の一環として位置づけられるものであり、コミュニケーション機能という意味で重要な意味を持つものでしょう。

3　教育する側における評価の意義

さて、教育する側にとって、評価とはどのような意味で有用であり必要なのでしょうか。まとめてみると次の２点になるだろうと思います。

(1) 指導の対象を理解する

まず第一は、評価することによって指導する当の相手、学習者の実態を知り、理解する手がかりを得る、ということです。

教育する側は、相手がどこまで分かっているのか、できるようになっているのかをつかんでいなくては、的確な指導をすることができません。相手のことを十分に知らないままで教えていくと、相手は分からないまま我慢して聞いているか、分かりきったことに退屈して眠り込むか、のいずれかになるでしょう。しかし現実には、残念ながら、相手の実態を知ろうとしないまま、教科書をこなせばいい、指導計画を消化すればいい、といった授業が見られないではないのですが。

目がキラキラしていた、みんなイキイキしていた、といった常套《じょうとう》表現があります。授業の講評などの際によく出てくる言葉です。しかし、本当は外的な印象だけではどうにもならないのです。子どもの顔を見ているだけでは、分かっているかどうか、できるようになったかどうか、的確に知ることなどできないのです。

例えば、非常に利発そうな顔をしている子どもがいるとします。あるいは、何でもはきはきと答える子がいるとします。しかし、いくら利発そうな顔をしていても、はきはきとしたものの言い方をしていても、見かけ通りの育ちをしていると一概には言えません。見かけの印象だけでその子を判断してしまうと、とんでもないことになりかねないのです。

教師の顔色を見て上手にものを言う子が最近は増えていると言われます。しかし中身としては、本当に大事な基礎になることを分かっていない、できていないことがあります。これを見過ごしてしまったのではどうにもならないでしょう。

こういうことがあるからこそ、嫌がられても時々はテストをやる、ワークシートや学習カードに書かせてみる、コメントや感想文に目を通す、「このことをどう考えているの？」と尋ねてみる、といったことが必要になってくるのです。そういう評価活動によってはじめて子どもの実際に持っている力や知識が、感じ方とか考え方が、教師にも分かってくるのです。そしてそれを手掛かりにして、あるいは土台として、着実で的確な指導をしていくことも可能になってくるのです。

(2) 教育目標の実現状況を確認する

第二は、教育する側が、教育活動を通じて相手である学習者に実現してほしいと願ってきた目標が、現実にどの程度まで実現しているのかを評価によって確認する、ということです。

当然のことですが、まだ十分には実現していない部分のあることが分かったならば、評価結果に基づいて新たにどのような手だてを講じたらよいかを考え、実施しなければならないわけです。ＰＤＣＡサイクル（計画・実施・評価・是正行動）も、同様の発想に立つものと言ってよいでしょう。

履修主義の名のもとに、やりっぱなしの教育活動をして何ら恥じない教師も、あるいはまだいるかもしれません。自分が行った指導によって初期の目標が実現したのかどうかということにこだわらないとしたら、無責任極まりない話です。教育は、相手である学習者が教育目標とされていた何かを獲得してはじめて意味を持つのです。何年間、学校で一緒に活動しました、楽しい授業をしました、指導計画も無事こなしました、というだけではどうにもならないのです。

このように考えるならば、どうしてもどこかで評価をして、目標としてきたもの（教師の「願い」と「ねらい」）の実現状況を確認しなくては、ということになるでしょう。そのためには、目標そのものが明確化されていなくてはなりませんし、また、そこでの評価結果をこれこれの目標の実現状況として見る、といったことが可能になるような評価方法が準備されていなくてはなりません。さらには、目標の実現状況の確認の上に立って、次にどのような手を打てばいいのか、といった補充・深化の手だてが準備されていなくてはならないのです。

評価のこうした機能は、これまで形成的評価として実践的な工夫が積み重ねられてきたところです。これは現代の教育評価論において、もっとも着目されている機能と言っても過言ではないでしょう。

4 教育を管理運営する側における評価の意義

もう一つ、学校の校長とか教育委員会・文部科学省など、教育を管理運営していく側にとって見落とすことのできない評価の機能があります。これは、基本的には教育の水準維持のための評価であり、教育の社会的責任に関わるものです。つまり、その学校あるいはクラスで本当に教育の実が上がっているかどうかということを、時々は学力検査などさまざまな方法で確かめなければならないのであり、また、そうした評価結果に対して校長や教育委員会等がどのように責任を取っていくのかを、明らかにしなくてはならないのです。

公立学校の場合、多額の税金によって学校が維持され、運営されています。そして教職員の給与等も税金によって賄われています。私立学校の場合でも、そこに来ている児童・生徒の保護者が納める授業料等によって大半が維持され、運営されているにせよ、やはり多額の税金が補助金等の形で投入されています。いずれにせよ、学校というところは預かった子ども達をきちんと教育し、お金を払っている人達が「なるほど、これでいい」と納得してくれるような成果をあげなくてはならない、という社会的な責任を負っているのです。教師の好きなことを好きなようにやっていればいい、というわけにはいかないのです。

こうした社会的な責任の根幹をなすのは、学習する側が何を獲得したのか、それは学校に期待されたところを満たしているものか、ということでしょう。つまり学校に行ったなら、どの子どもにも必ず、ある一定以上の教育成果が実現しなくてはならないのです。このためにも、評価をきちんとやっていかねばなりません。そして、保護者や地域の方々など関係者の全てがその評価結果について納得するような形で示されなくてはなりません。通知表だけでなく、美術・書道・文芸等の作品展示会、体育祭（運動会）、文化祭（学芸会）、音楽会なども、伝統的にこうした機能を果たしてきたものです。しばらく前に各地で動きがあった指導要録や調査書の開示請求なども、こうした問題と深く関わっていることは言うまでもありません。

評価のこうした機能は、特に欧米において強く意識されています。わが国においても、我々がブルームらのマスタリー・ラーニング（完全習得学習）理論を日本的に発展させ、「学力保障と成長保障の両全」ということで取り組んできた課題意識も、基本的にはこうした発想に基づくものでした。ちなみに、ここでの「学力保障」とは当面の見える学力を全ての学習者に実現しようということであり、「成長保障」とは将来にわたって生きて働く見えない学力を全ての学習者に実現しようということです。これらは学校が社会に対し、保護者に対し、そして学習者本人に対して持つ基本的な責任の内実をなすものであることは言うまでもありません。

5 多面的総合的な評価に向けての取り組み

学習する側でも教育する側でも、また教育を管理運営していく側でも、評価すること自体の教育的重要性を十分に認識していくことが不可欠ですが、評価の具体的な在り方についても考慮しなくてはなりません。特に、一次元的な優劣や順位づけの評価に帰着してしまうような評価の在り方をどのように回避するか、最終的には多面的総合的な評価となるためにどのような工夫をするか、ということを考えておかなくてはならないでしょう。

一つの指標、一つの資料で評価するのでなく、いくつもの指標に関して、数多くの資料に基づき多面的に評価する、ということが重要なのです。例えば、客観テスト方式で測定された基礎学力だけでなく、それに加えて記述式テストで評価された思考力や問題解決力なども大事にしなくてはならないことが強調されることがあります。さらには小論文やレポートによって、また面接の結果や実際に作成させた作品の実物などによって、感性や表現力等を見ていくことも考えられるべきでしょう。こうしたさまざまな評価結果を一人ひとりについてファイルし、それらの総合評価として成績や合否などを判断しようという多面的総合的な評価こそ、先にあげた評価の教育的意義に真に応えるものとして、これからの教育評価として目指すべき方向と言っていいのではないでしょうか。

こうしたポートフォリオ的な評価は、わが国においても大学入試について今後これを一層重視するということになっていますし、小中高等学校での成績評価についても今後はこれを中心に、という声があります。煩雑と言えば煩雑ですが、実態把握を踏まえて次のステップへの取り組みを、という形成的な評価の基本から言えば、多面的に児童・生徒を見ていくという方向は、当然過ぎるほど当然のことと言ってよいでしょう。

教育における評価は、テストなどによる実態把握にしても、成績づけや合否判定にしても、点数（１００点満点の何点など）とか評点（ＡＢＣなど）といった形で一次元的に問題にされるのが長い間の伝統でした。このため評価によって格づけや序列の意識が生じたり強化されたり、といった反教育的な弊害も生じがちだったわけです。私自身も委員として参画した１９８０（昭和55）年の指導要録改訂で、評点だけでなく複数の観点からの評価をする観点別学習状況の評価欄を設けたり、それまで知能指数などを記入していた標準検査の記録欄を廃止したりしたのは、評価の多面化総合化に向け大きく舵を切ったものだったことを思い出します。

そして、２０００（平成12）年前後から特に強調されているのが「ポートフォリオ評価」です。ポートフォリオというのは、もともとは資料を入れる「かばん」のことであり、そうした「かばん」に子どもの学びや育ちに関わる多様な資料を集積していこうということなのです。ただし、目標意識が明確でないまま資料をやみくもに集積していくと、量的に膨大なものになって、それをその子の指導に生かしていくことなど到底できなくなります。目標を明確化して、集積していくべき資料を精選し、またそうした資料をどのような視点から整理して指導等に生かしていったらいいのか、十分に考えて取り組まなくてはなりません。

また、ポートフォリオという場合、子ども一人ひとりで蓄積していく資料の量が大きく異なっていく、ということにも留意すべきでしょう。指導上、気になる子どもに関しては、どうしても資料を多く集めなくてはならなくなるはずだからです。

6 教育的機能を果たす評価の在り方

このように考えていくと、体系的な教育においては評価的な活動が不可欠であるということの事情が少しずつ見えてくるのではないでしょうか。ここで見てきたような機能を評価が果たしているからこそ、どんなに嫌なことであったとしても、評価を追放したり忘却したりすることはできないのです。

要は、こうした諸機能がうまく発揮されるような評価の在り方を工夫することです。逆に言えば、なぜやっているのか分からないような評価活動、単に書類を作ってファイルしておくだけといった評価活動は、思いきってやめてしまうことです。

学校で行われている評価活動を、具体的には授業の中でのチェック、小テスト、定期試験、通知表や指導要録、等々の在り方を、ここで述べてきた視点に立ってもう一度見つめ直していきたいものです。

教育においては子どもの「良さ」に着目し、そうした「良さ」をこそ評価していくべきだという考え方がありますが、この点について触れておくことにしましょう。

例えば親として子育てに一苦労しますと、自分の子どものことを手放しで「素晴らしい！」とか「大丈夫だ！」とは思えなくなります。学校の先生方も一苦労されると手放しで「子どもは無限の可能性を持っているから、子どもに任せておけば大丈夫だ」とか「子どもは良さのかたまりだ」とか、そんな綺麗ごとは言えなくなります。それはやはり、一苦労すると、子どもの持つ光の面だけでなく弱さを含めた本当の姿が分かってくるからではないでしょうか。もっと言うと、自分自身の弱さも子どもの姿を通して、より一層見えてくるものです。やはり人間、子どもであろうと大人であろうと、みんなそれぞれ強さと弱さ、あるいは光と影の両面を持っているのです。もちろんその子の強さや光の面に着眼して、それを信頼してやっていくことは重要なことですが、教育を本当に考えていきますと弱さや影の面についても目を背けてはならないということになるのではないでしょうか。「良さ」の評価ということが、その子の弱さや影の面に目をつぶっていくことになるならば、それは教育という取り組みの中では困ったことと言わなくてはなりません。そういうことであるなら、「良さ」だけに着目した評価は、教育評価という言葉に元々値しない表面的な綺麗ごとと言わなくてはならないでしょう。

第2章 教育の目指す目標と成果確認

1 期待するものと確認されるものと

教育とは、一方の目で学習者の現実の活動や能力等の実態をにらみながら、もう一方の目で望ましい成長発達の姿を思い描き、その方向へ現実の学習者の姿を一歩でも近づけていこうという営みにほかなりません。

このための教育的「働きかけ」には、主要なものとして、

①「直接的な指導」（認知的・技能的・情意的な成長・発達を促進するために行う提示、発問、指示、説明、注意など）

②「場と環境の設定」（成長・発達を促進するために行う状況や環境などの設定や変革。間接的誘導的な指導）

の二つがあります。したがって、教育活動の目標に照らして実態（中心的には学習者の実態、しかし指導計画や指導そのもの、教材や教具、教育環境などに関するものも含む）を判断し、それによって、直接的な指導の在り方、場と環境の設定の在り方などを検討し、必要な改善を加えていく、というのが教育における評価の中核的機能にならねばなりません。教育評価には確かに多様なものが含まれますが、ここでの意味から言うと、あくまでも学習者を対象としたもの、教育成果を目標到達度という形で示すもの、評価結果が教育活動自体のために活用されるもの、を中心に考えられなくてはならないのです。

目標志向的な活動、意図的計画的な活動は、たとえどのようなものであっても、その中に評価的機能を含んでいます。もちろん評価と言っても、必ずしもはっきりした形をとるとは限りません。しかし、何らかの評価を行い、それに基づいて今やっている活動やこれからやろうとしている活動の在り方を考え工夫していかなければ、その活動を通じて達成すべき目標や意図の実現は、とうていおぼつかないでしょう。

当面している現実の状態に対して、

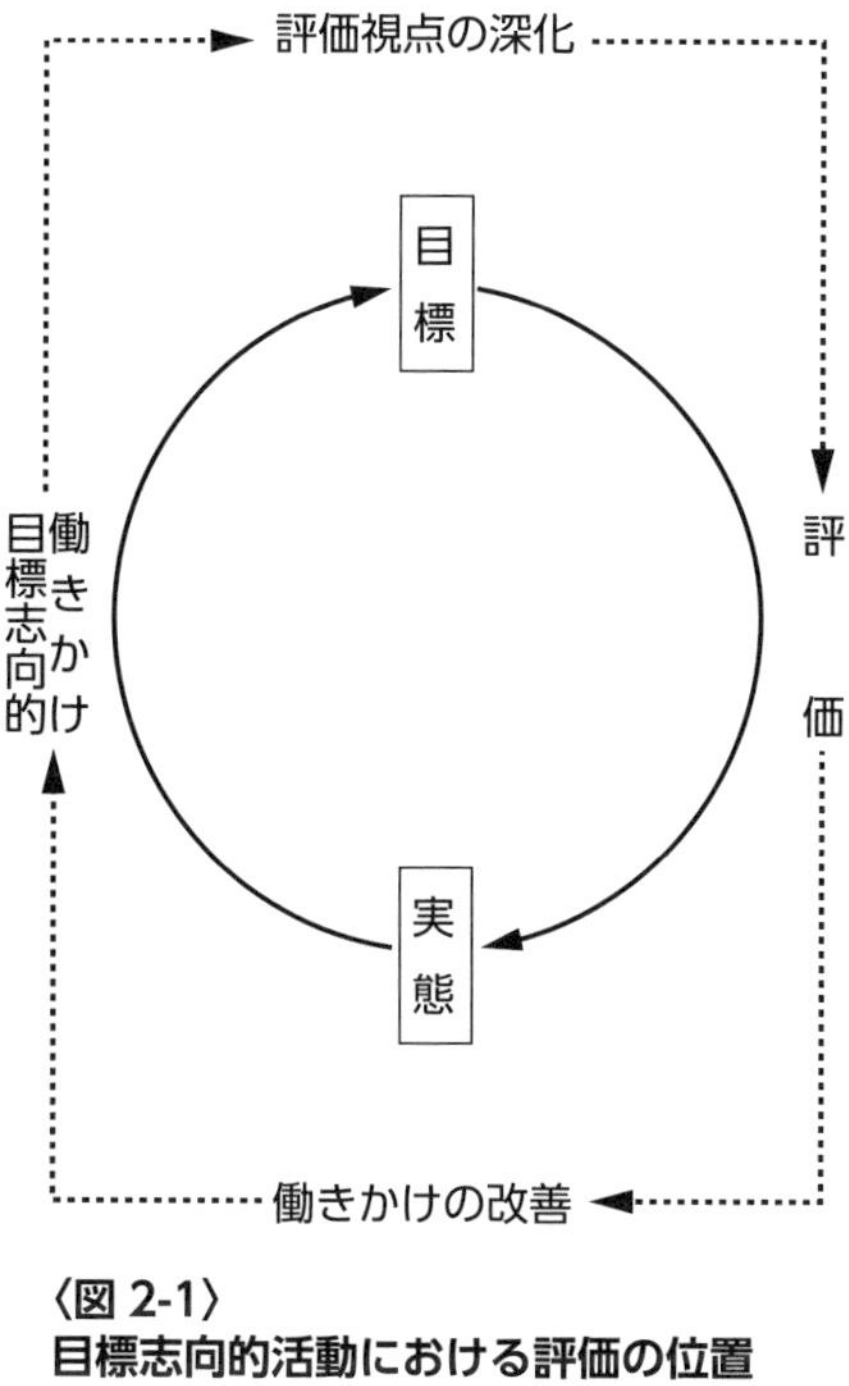

〈図 2-1〉
目標志向的活動における評価の位置

ある一定の価値（目標）の実現を目指す働きかけを行い、その価値の方向に現状を変えていくというのが、あらゆる意図的活動の中核をなす過程です。これに対して評価というのは、実現すべき価値（目標）の観点から現実の状態（実態）を見てとり、何らかの判断を下すことです。この二つの過程は、したがって、実態から目標へという方向づけと、目標から実態へという方向づけ、という二つの相補的方向性を備えた円環的関係をなすものと考えられます。また、これと同時に、実態から出発して目標を目指す働きかけの中で、目標についての意識そのもの、すなわち評価に際しての視点そのものが深められていき、さらに目標意識から出発して実態を見とり判断するという評価過程を通じて、働きかけ自体の改善も導き出されてくる、といった形で円環的関係が順次深められていきます。これらの相互関係については〈図2-1〉を参照ください。

ところで、評価的営みの基本的な位置づけを先に〈図2-1〉に示したような形で考えるとしても、それはそのまま学習者に対する教師の働きかけの全てが目標を志向し、その実現を目指すものであるとか、その働きかけの結果の全てが確認され評価される、といったことを意味するものではありません。学習者に対する何げない態度や発言が、教師も意図しなかったような心理的効果を与えることがありますし、また、教師が意図的計画的な働きかけをしたとしても、目標のタイプによっては、その実現を確認できない場合があります。したがって、教育成果として考えられるものの中には、目標志向的にその実現が追求され、その結果もまた確認されるような本来の成果（目標到達度）のほかに、意図的に追求したわけではないのに肯定的あるいは

〈表 2-1〉教育成果の把握についての基本的な考え方

		意図=目標への繰り込み ←	
		目標志向的に追求したもの	目標志向的に追求したわけでないもの
評価技法の研究開発 ↑	確認できるもの	本来的成果（目標到達度）	副次的成果（副作用）
	確認できないもの	潜在的成果	

否定的な教育成果として確認される副次的ないし副作用的な効果、活動の中で当面の目標は達成されたにもかかわらず学習者の変容としてはその効果を確認のしようがないといった潜在的な成果が含まれることになります。

当然のことながら、〈図2-1〉のような形で、目標→働きかけ→評価→……が考えられるのは本来的成果の場合だけです。しかし、副次的成果や潜在的成果のことが全く考えられない場合には、教育の在り方自体が平板で表面的なもの、目先のはっきりした成果しか考えない歪んだものになってしまう恐れがあると考えられます。このため、〈図2-1〉に示したような形で教育の在り方を計画的なもの、成果に対し責任の負えるものにしていこうとするならば、少なくとも次の二つの点での工夫がどうしても必要となります。

一つは、教育的働きかけの中に含まれている多様な効果を意識化し、意図的な目標として整理し直し、意識的に追求していけるようにする、といった方向で副次的成果の領域の縮小を図ることです。もう一つは、従来の方法では成果が確認できなかった分野について新しい測定法や評価法を開発する、といった方向で潜在的成果の領域の縮小を図ることです（〈表2-1〉参照）。

しかし、そのような努力によって本来的成果として見えてくる部分の増大を図ったとしても、最後まで副次的ないし潜在的な成果としてとどまらざるをえない領域があるということを決して見過ごしてはなりません。したがって、目標を設定し、その目標を追求するような活動を行っていく際には、副次的成果や潜在的成果の存在を大前提としなくてはならないのです。後で詳しく検討することになりますが、達成目標、向上目標、体験目標の3種を区別するといった考え方は、ここで述べた点を踏まえたものと言ってもよいと思います。

2 教育目標の明確化・具体化を

(1) 期待目標と到達目標

ところで学校教育において、その実現が目指される目標は、その基本性格の点で次の二種に大別されます。

一つは、教育基本法第1条にある「人格の完成を目指し、平和で民主的な国家及び社会の形成者として必要な資質を備えた心身ともに健康な国民」とか、あるいは各学校の教育目標によくある「進んで学びやりぬく子」「人の立場が分かり助け合う子」といったタイプのものです。これは、教育を通じてその形成が期待されるところを述べたものであり、いわば基本的な方向性を示すものと言ってよいでしょう。もう一つは、学習指導要領にある「分数の乗法及び除法の計算ができること」（小6／算数）とか、「学年別漢字配当表の当該学年までに配当されている漢字を読むこと」（小5・6／国語）といったタイプのものです。これは、教育活動を通じてその確実な到達を全ての子どもに図っていく、という性格のものであると考えてよいと思います。

前者の目標は一つの理想であり、教育成果についての最大限の期待を示すものです。このような教育目標のことを「期待目標」と呼ぶことにします。これに対して、後者の目標は現実に全ての子どもが到達すべきところを示すものであり、教育成果について最小限これだけは、あるいは最低限ここまでは、というところを現したものです。このような教育目標のことは「到達目標」と呼んでおくことにします。

このように考えるならば、具体的な到達目標群は、教育基本法の規定や学校の教育目標に示された期待目標の基礎をなすものということになります。つまり具体的な到達目標を、各学年の教科そのほかの活動を通じて順次達成していくことにより、期待目標の方向への学力形成、人間形成が行われると考えることができるのです。

しかしながら、学校で教師が現実に教育活動の「ねらい」としているものの全てが、この意味での基礎的なものと言ってよいのでしょうか。そこに、長い目で見た学力形成、人間形成への期待に対し、何ら「基礎」として役立つことのないもの、結局のところその場限りで終わってしまうもの、は含まれていないのでしょうか。いやむしろ、教科書の内容を忠実になぞっていくだけに終わりがちな授業、応用・分析・総合・判断といった高次の能力には目もくれず、後ですぐに忘れてしまうようなことについての記憶と若干の理解とを見るだけで良しとしがちな客観テスト、等々が広範囲に見られる現在、教師が指導の「ねらい」とし、子どもたちが学習の「めあて」としているもののうち少なからぬ部分が、実際には「基礎」として機能していないのではないでしょうか。

それだけでなく、逆に、学校の教育活動の中で現実にねらわれているところから、「基礎」として重要な意義を持つものが少なからず欠け落ちている、という可能性もまた考えてみなくてはなりません。体系的な目標分析を通じ、学校が全ての子どもに保障すべき必要不可欠なものを捉え直すことの意義が強調されるのは、まさにこのためであると言ってよいでしょう。

(2) 指導に際しての具体的目標

具体的水準での目標に関しては、近年、一方では評価理論との関連で、他方ではカリキュラム理論との関連で、研究が大幅に進展しました。例えばガーニェ（Gagoé,R.M.）らは、一つの教授課題を達成する過程で順次達成されていく下位課題の系列を分析し設定する試みを行っています（〈図2-2〉を参照）。また、ブルームらも具体的個別的な指導目標を、内容と能力（発展段階）との二次元マトリックス上に位置づけることによって分析し、一方では児童・生徒に対する形成的評価に、他方ではカリキュラムの評価と精選、改造に役立てようという試みを行いました。

わが国でもこのような具体的レベルでの到達目標を体系的に設定し、評価のためにも、また

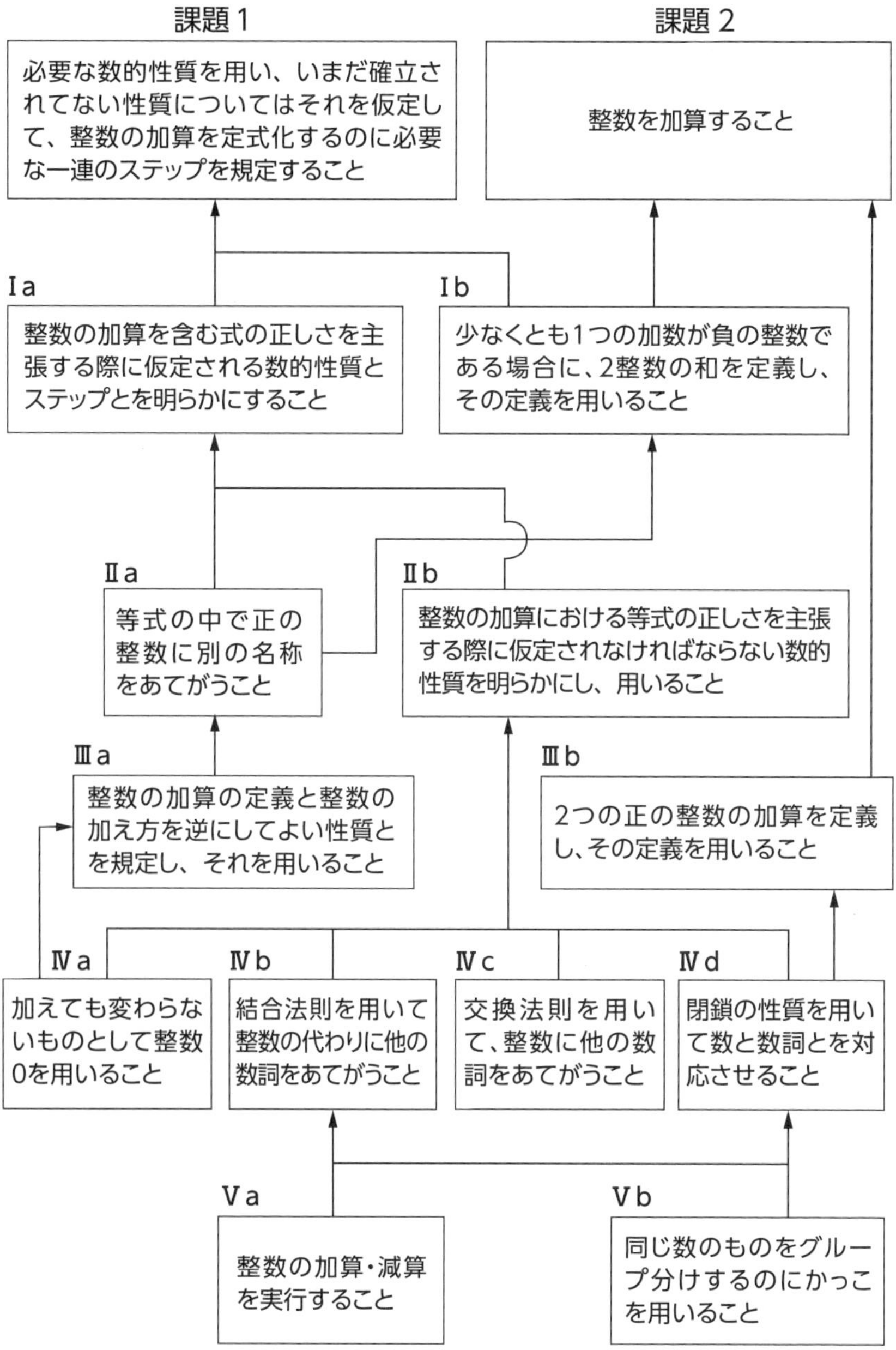

〈図 2-2〉数学における課題分類の例（ガーニェ、1963）

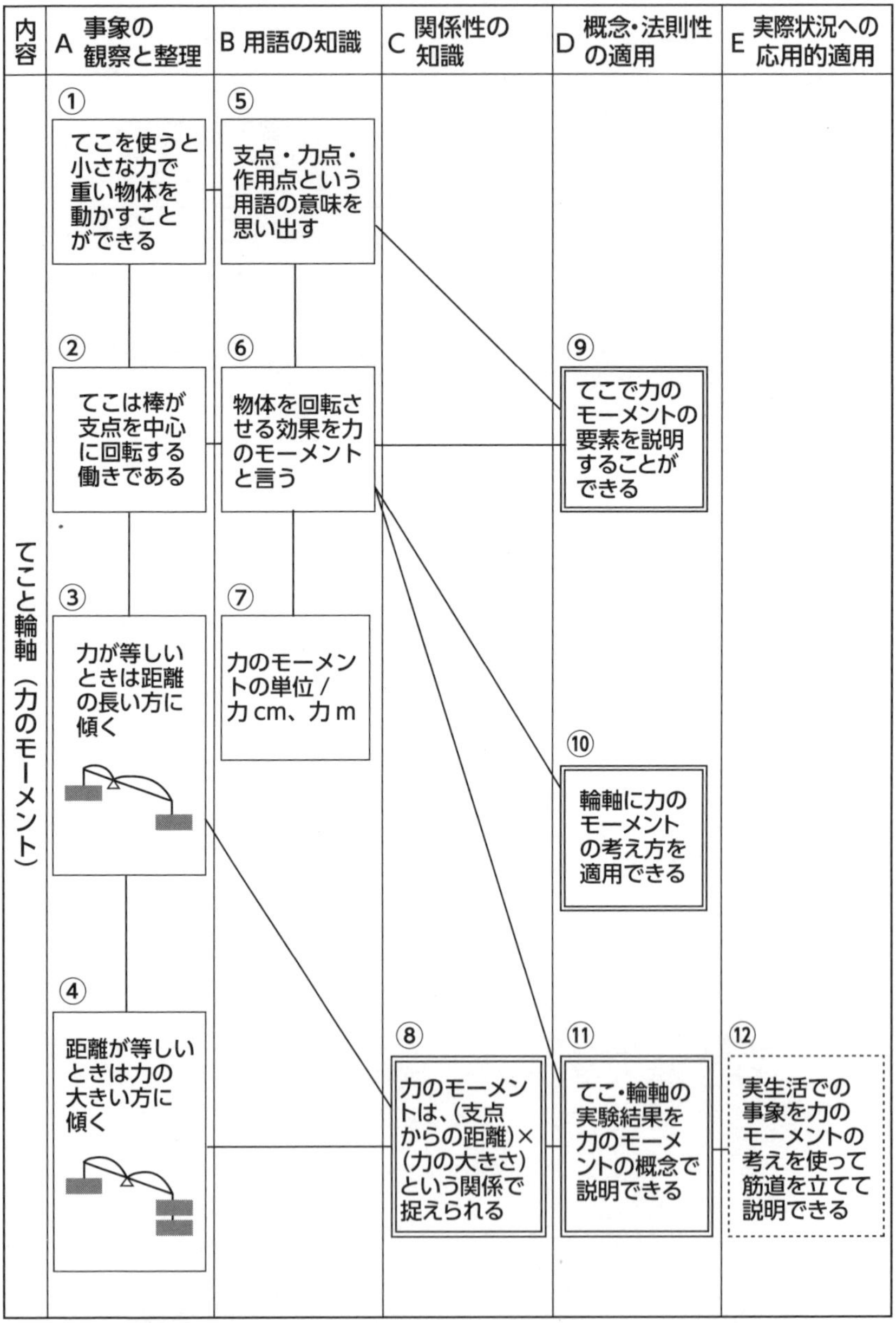

ただし、前提目標⑤、基礎目標①②③④⑥⑦、中核目標⑧⑨⑩⑪、発展目標⑫

〈図 2-3〉単元「てこと輪軸」（小学 6 年理科）の目標構造図例

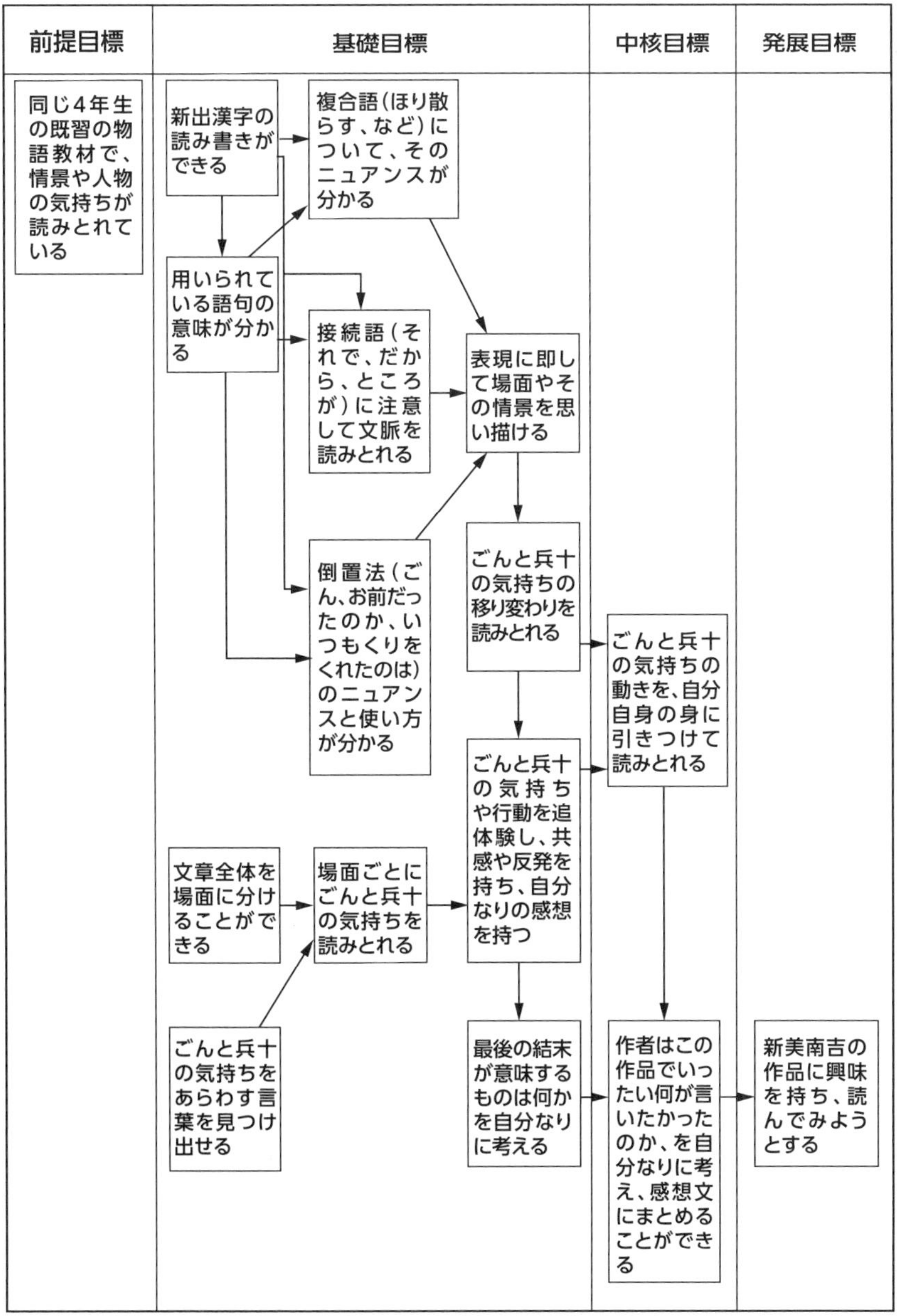

〈図 2-4〉単元「ごんぎつね」（小学 4 年国語）の目標構造図例

教育活動の設計と実施のためにも活用していこう、という試みがこれまでさまざまな形でありました。〈図2-3〉や〈図2-4〉に示すのは筆者自身も関係して作成した例です。ただし、こういった具体的レベルでの到達目標を適切な形で明確化するには、その背景となる目標分析、教材分析が入念になされていなくてはなりません。(〈図2-5〉参照)。

しかしながら、具体的なレベルでの到達目標を設定して、指導し評価するという行き方には、もしもそれが安易に考えられた場合、教育的に見て致命的とも言えるほどの大きな危険性が潜んでいることも、決して見落としてはなりません。

そのような危険性の第一は、これが児童・生徒の個性あるいは個人差を無視した画一的な教育につながるのではないか、ということです。確かに、どの子どもに対しても基本的に同一の目標群を設定するわけですから、この点で個性や個人差は考えられていないと言えるでしょう。しかも、教育活動自体が、設定された目標群の追求にのみ終始するといったタイプのものであるならば、つまり、設定された目標群を一つひとつ順に達成していくだけに終わるような「目標つぶし」の授業が行われるのなら、ここでの危惧《きぐ》は現実のものになるでしょう。この場合には、個性圧殺につながる画一化教育、型はめ教育、と言わざるをえなくなります。

危険性の第二は、これが児童・生徒の自発性や自立性の無視ないし抑圧につながるのではないか、ということです。確かに、毎時間の授業が、設定された目標群の達成へと向かって教師主導のもとにわき目もふらず進められていくとしたなら、子どもはいつでも目標群に金縛りにされ、受け身の学習を余儀なくされるということになります。つまり、一人ひとりの子どもの側

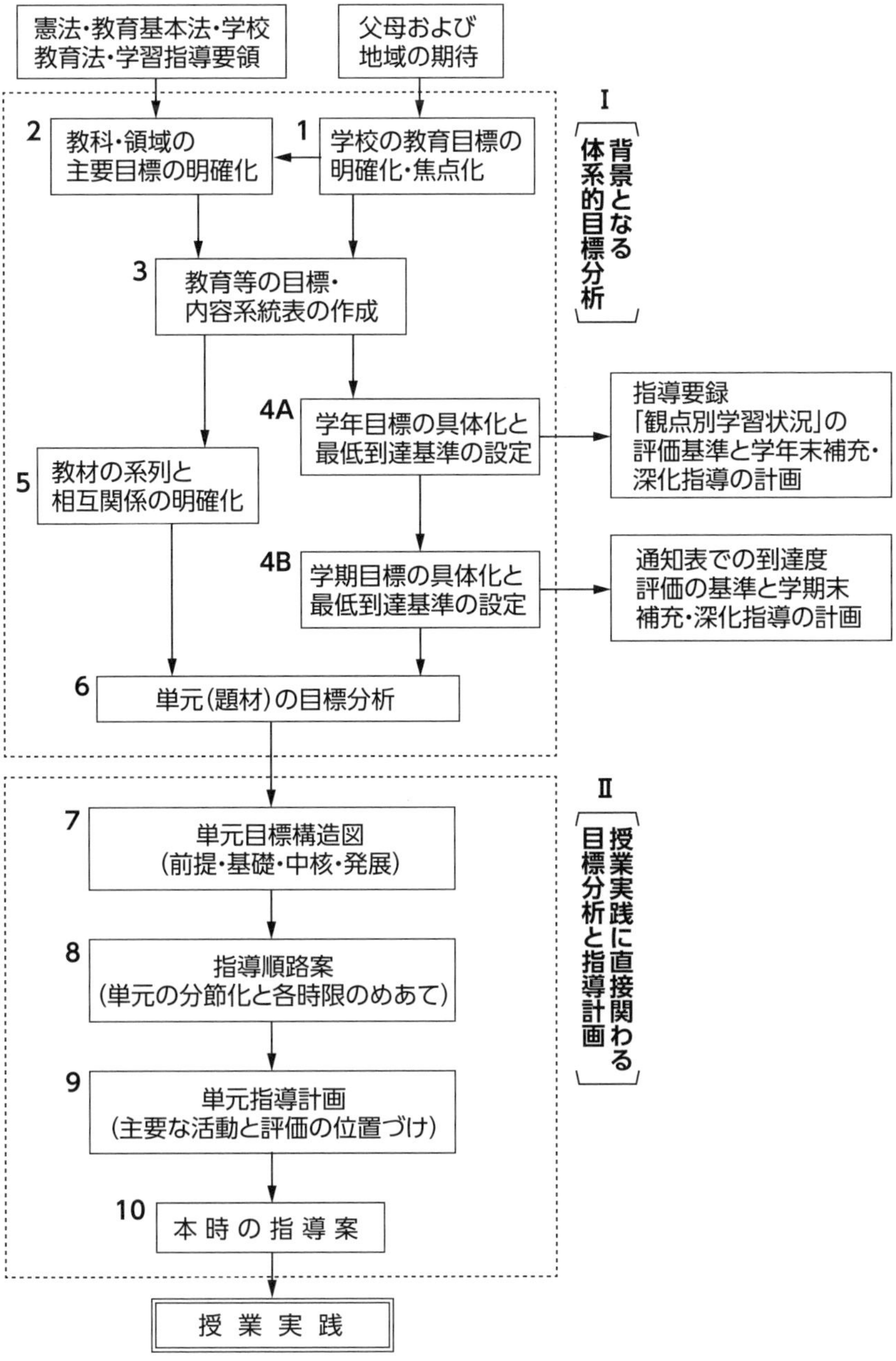

〈図 2-5〉目標の体系的な分析と授業実践

から言えば、必ずしも十分な準備も意欲もないまま、次から次へと新たな目標を押しつけられ、その達成へと無理やり方向づけられ努力させられる、ということが生じる恐れもあるのです。目標設定による指導が「詰め込み」的なもの、「引き回し」的なものになるなら、子どもの自発性や自立性は授業にとっての阻害要因としてしか見られないことになってしまうでしょう。

　これらの二つの危険性は、当然のことながら、目標設定を妥当な形で行い、目標と指導や評価との本質的関係を十分に認識した上で教育活動を進めていけば、いずれも回避されるものなのです。

　学校が全ての子どもに対して追求すべき到達目標としては、最小限・最低限のものが考えられればいいでしょう。子どもたちも教師も、何らかの枠に無理やり押し込められることなく、のびのびと自分の個性を発揮し、臨機応変に教育活動を展開していくという柔構造《じゅうこうぞう》の教育を実現していくためには、全ての教師、学校で共通に押さえられるべきポイントは、できるだけ少ない方が好都合なのです。しかしこれと同時に、どこの学校のどの教師に指導されたとしても、その学年の、またその単元の、最小限・最低限のポイントだけは全ての子どもに確実に実現するということでなくては、学年から学年へと教師のバトンタッチによって、また下級校から上級校へという学校間のバトンタッチによって、一歩一歩着実に体系的な教育を行っていくことなど、とうてい不可能であることは言うまでもありません。

　このような最小限・最低限のポイントは、当然のことながら、子どもの心身発達の系統性と、それぞれの教科・領域における内的展開性を踏まえて、学年ごとに、また学期ごとに、さらには単元ごとに明確化されなければなりません。つまり、学習指導要領や教科書として示されている教育内容の大綱の中で、その発達段階の子どもにとって不可欠であるもの、カリキュラムの体系的展開を妨げないために最小限必要なものが大胆に精選され、はっきりした形でそれぞれのレベルごとに設定されなくてはならないでしょう。このことは、言い換えるならば、教育成果について最小限・最低限の保障をするめやすとして、学年目標、学期目標、単元目標の設定をする、ということにほかならないのです。

　結局のところ、到達目標は、学年、学期、単元のいずれのレベルのものであったとしても、最低ここまでは必ず、あるいは最小限これだけは必ず、といった必要不可欠なもののみにしぼって設定されるべきものなのです。この点を十分に認識し、到達目標として示されたポイントは押さえながらも、自由闊達《かったつ》で熱気にあふれた授業を展開するならば、さらにそれによって、子どもたちが共通基盤としての到達目標を越え、それぞれの個性的成長・発展の姿を示すことになるのでしたら、先の二つの危険性は共に克服されることになるのです。

　ここで注意が必要なのは、最小限・最低限のポイントであるからといって、それが基礎的な知識や理解、技能に限定されるものでないという点です。学年の目標としても、学期の目標としても、また単元の目標としても、学校教育が本来目指しているところの総体を適切な形で代表するものでなくてはなりません。その意味で、目標として設定しやすい認知領域のみに限定して考えられたり、さらにはその中でも目標の達成がはっきりと確認されやすい知識や理解、技能のみがあげられたりする、といった便宜主義は排されねばならないのです。

3 なぜ成果の確認・評価が難しいのか

教育評価というのは、あらゆる教育活動において、「ねらい」がその活動を通じて実現しているかどうかを確かめようとする働きです。しかし残念ながら、日本では、こういう意識が従来は非常に薄いままでした。だからこそ、これからは成果の評価をもっともっと強調しなければいけない、という流れが強くなってきているのです。

ともかく日本では評価ということをあまり考えようとしません。結果を大事にしない伝統があると言っても過言ではないでしょう。教育というのはプロセスが大事なんだ、と言って済ませる人が今でも大勢います。もちろんプロセスは大事ですが、結果を生まなければ何にもならないのです。日本であまり結果を問題にしないことの背景には、日本の教育の世界に潜む三つの困った感覚なり発想なりがあるのではないかと思います。

(1) 印象論の落とし穴

一つは、印象論で何でも済ませてしまう、という落とし穴です。その最たるものが、「子どもの目がキラキラ」「みんなイキイキ」という話です。確かに学校で子どもの目がどんよりしていたら困ります。だから「目がキラキラ」とか「イキイキ」は必要条件かもしれませんが、絶対条件ではありません。子どもの印象というのは、教育を語るときの入り口の一つとしてはあってもいいと思いますが、それによって教育を語ったと思ってはいけません。

印象論は、マスコミが輪をかけて拡大することがあります。テレビの取材では、よく、「どういう場面だったら絵になりますかね」という話になります。テレビでは「絵になる」ことしかやろうとしません。その影響か、名の知れた学校では、「絵になる」活動をやろうと苦労していることがあります。例えば小学校でヤギさんと子ども達が一緒に楽しそうに遊んでいる、そしてそこからいろいろな学習が展開していく。確かに絵になります。しかし印象論としてはいいのですが、問題はそれで本当に力がついていくのかどうかです。「楽しく活動しました、めでたしめでたし」では教育としてはどうにもならないのです。小学校の生活科や総合的な学習の時間では、「楽しくやればいいのです、子ども達の目が輝けばいいのです」と言われていた時期があります。目が輝くのは結構だけれども、それでどういう力がついていくのかなのです。そのためには評価をしなければいけません。評価といっても、必ずしもテストをしなくてはいけない、ということではありません。子どもに「何が面白かったか」という感想を書かせてみたり、あるいは大事な場面での活動の様子をチェックしてメモをしたりします。全員についてチェックしなくてもいいのです。例えば40人の中で「とても困った」という5人について、どういう点が困ったかというメモを残す。「とてもいいな」という3人ぐらいについてメモを残す。これでいいのです。あとはみんな可もなく不可もなく、「おおむね良し」ですから。

　クラスの全員に対して公平に画一的にやらなければいけないと思うから、結局一人ひとりに対しての関わりができなくなってしまうのです。公平に画一的に一人ひとりについて本当に関わっていこうと思ったら、今の何倍もの教師の数が必要になります。そんな不可能なことを考えても仕方ありません。特に困った子、指導を要する子についてメモを残す、これは他の子の模範になると思われる子の具体的な姿についてメモを残す。これが本当の評価の活動なのです。

教師によるチェックに加えて、自己評価とか相互評価も大切です。10個ぐらいの項目を準備して、「今日の活動はとても面白かった」とか、「つまらなかった」とか、自己評価をさせます。それに加えて、「今日やった活動で一番みんなの先頭に立ってやったのは誰だろう」といった相互評価をやらせてもいいでしょう。特に見えにくいところの育ちを見るためには、自己評価が不可欠です。内面的な育ちを見るといっても、実は隔靴《かっか》掻痒《そうよう》です。歯がゆい限りです。といって手をこまねいているわけにいかないから、断片的なもの、不十分なものでもいいから育ちの姿の確かめをやってみることです。

「ポートフォリオ評価」ということが流行っていますが、これはまさに見えにくい育ちを評価するための手法です。こういうやり方は実はタイラーの頃から、第二次世界大戦前から言われていたことですが、日本では言葉を新しくするだけで内容まで新しい話だと思う人が多いようです。

ポートフォリオ評価の原型は、客観的でなければ評価でないという評価論が破れていく過程で言われたものです。教育目標の中には外的にその達成を確認しやすいものも確認しにくいものもありますが、確認しやすい目標だけで指導や評価をやっていかなければならないのではなく、確認しにくい目標も含めた形で意識化し明確化してやっていかなくてはならない、そして確認しにくい目標についての育ちを確かめるためには、多様な形での評価を併用してやっていかなくてはならない、と言われたわけです。だから必ずしも新しい手法とは言えませんが、見えにくい育ちの部分を評価するためには資料集めを多面的にやっていくことが不可欠ですから、ポートフォリオ評価はこれから特に大事にしていかなければならないと思います。

(2) 心情論の落とし穴

もう一つ、困ったことに、日本の教育界には心情論の落とし穴が根強く見られます。今でも、「私たちは誠心誠意、愛の心を持って教育に当たっています」などと口にして済ましてしまう教師がいます。あるいは、「子どもは無限の可能性の魂で、私達はその可能性を信じて」と目を輝かせて口にする教師がいます。自分の真剣で誠実な心情を語っていけば教育になる、と思っている人がまだいるようです。愛だけで教育できるのだったら教材研究は要らないし、授業研究も要らないし、カリキュラム研究も要りません。教育というのはそんな簡単なものではないでしょう。「愛があれば」と口にして悪いとは言いませんが、それで済むような活動ではないのです。問題としなくてはならないのは、愛の中身であり、愛の手だてなのです。下手に愛すると相手をスポイルしてしまいます。誠心誠意、一生懸命、愛すれば愛するほどスポイルしてしまうことになるのです。

そういう独り善がりの心情論が、教育の世界にはびこりがちです。そういう感覚で動いているところでは、結果というのは見ないでいくことになります。「私達はこれだけ一生懸命子ども達のためを思い、子ども達のためにやっております」、これを語っていればそれで済む、という感じです。

残念なことに、理性的合理的な議論ができにくい伝統的風土が日本にはあります。危機管理まで心情論でしか論じられていないことがあります。これが日本の社会の現実です。しかしそういうことでやっていったのでは、本当に大事なことが見えなくなってしまいます。単なるムードで流れていったら駄目なのです。

(3) 形式論の落とし穴

最後に、困ったことの三つ目は、形式論で済まそうという傾向です。形式論というのは、以前、運動団体の活動家の一部などにあったような発想、感覚です。

「私達は朝何時から夕方何時までちゃんと勤務しております。そして年間何百時間の授業をちゃんとこなしております。決められた規則にも従っております。何か問題がありますか。」みたいな言い方になります。これに対しては、「確かに勤務はちゃんとやっているかもしれないけれども、あなたが教えたことを子ども達がみんなちゃんと分かって、できるようになっているの?」ということを問わなくてはなりません。形式的な要件を満たしているだけでは教育にならないのです。そういう小役人の逃げ口上みたいなことを学校で言っていたら駄目なのです。

教師は自分が指導を担当する教育活動を通じて、子どもが分かるようになり、人間的にも育った、と言えるかどうかが勝負のはずです。大阪的な言い方をすると、「分かってナンボ、育ってナンボ」ということなのです。だからこそ、結果を問題にしないで済ませる落とし穴のことを常に念頭に置いていただかなくてはならないのです。これからの教育現場では、印象論で逃げるのではなく、心情論で逃げるのではなく、形式論で逃げるのではなく、本当に子どもに見える力がついているのか、見えないところの育ちが実現しつつあるのか、ということを問題にしなくてはならないのです。

結局これが教育の原点なのです。ムード的に流されがちな教育をきちんと立て直す第一歩は、やはり教育評価なのです。学びと育ちの結果を確認し問題にするということなのです。教育評価の大事さを、常に念頭に置きたいものです。

第3章 達成目標・向上目標・体験目標と涵養目標

1 達成目標・向上目標・体験目標とは

教育目標の基本的な性格について三つのタイプを区別して考えよう、ということを我々は１９８０年代から提唱してきました。

まず第一は、達成目標タイプの目標です。これは知識や理解、技能のように、目標が達成された場合に期待される状態について明確な記述ができるものであって、それに照らし合わせてみることで、学習者自身によっても、教師その他の指導者によっても、目標到達性の確認が可能となるようなタイプの目標のことです。このタイプに入る目標は、従来、行動目標ということで考えられてきたところとほぼ同じと言ってよいでしょう。達成目標タイプの目標とは、これができる、これが分かる、これを覚える、といった「ねらい」のことであり、本来、外的な現れに着目して観察可能な形で確認すればよいのです。

第二は、向上目標タイプの目標です。「ねらい」としての目標だけでは十分でありません。「願い」としての向上目標タイプの目標のことを見落とすわけにいきません。関心や意欲、思考力や判断力や表現力、さらには創造性も、基本的には向上目標タイプの目標です。向上目標とは、どんどん何かが深まっていく、高まっていく、その子なりに発展していく、というタイプの目標です。これは外側から一義的に、行動の言葉で、あるいは外的な現れで、その実現を確認することができません。外的に現れる兆候（シンプトム）として、例えばこういうことが深まったらこういう姿が見られるようになるのでは、といった想定をいくつか準備しておくことによって、この点はどうだろう、あの点はどうだろうと現象的断片的に、しかも多面的総合的に判断していくより仕方がない目標です。

そして、もう一つ押さえておくべきなのは、体験目標タイプの目標です。これは、学習者の変容自体を直接的な「ねらい」とすることではなく、ある体験の生起自体を「ねらい」とするような目標のことです。例えば子どもが何かに触れてある体験をするとしましょう。しかしそのことについて子どもは何も言わないかもしれませんし、行動や態度としても何も出てこないかもしれません。しかし長い目で見るならば、そういう体験が積み重なっていってはじめて、ものの感じ方、考え方、判断の仕方が変わっていくのです。

認識の基礎にそうした体験の累積が、そしてそれによる実感の世界が、豊かに成立していかなくては、言葉の上だけの知識を振り回して終わり、といった表面的な学力しか成立しないことになるでしょう。体験を大事にした教育はそうした意味を持つわけですが、こうした場合にはどうしても、体験目標ということを考えざるをえなくなるのです。

このように行動目標論的な発想には非常に重大な問題が潜んでいます。それを乗り越えるために、達成目標タイプ、向上目標タイプ、体験目標タイプという三つの目標類型を我々は提唱してきたわけです。そして、学校現場でもこうした三つの目標タイプを念頭に置いた「願い」や「ねらい」の設定が試みられてきています。教育活動を真の人間教育として深めていくために、こうした目標の基本性格の想定は必須のことではないでしょうか。

2 「涵養目標」を考える

こうした三つの教育目標タイプに加えて、２０２０（令和２）年度から全面実施される学習指導要領で「人間性等の涵養」がうたわれたということで、新たな課題が出てきました。知識・技能の習得といった「達成目標」の実現を踏まえ、「向上目標」として思考力・判断力・表現力の育成を、そして学びに向かう力として関心や意欲などの育成を図り、それら全てを総合する形で長期的な時間展望の下に「人間性の涵養」を実現していこう、ということになったわけです。この最後の目標、すなわち広い目配りの下に長い目で実現していくべき「人間性の涵養」といった目標を改めて明確化していかなくてはならない、という機運になってきたのです。

　また、大きな人格形成的目標としては、具体的には、「他人の痛みを我がことのように分かるようになる」とか、「音楽や美術の美しさの世界に自分なりに入り込めるようになる」とか、「世のため人のため自分自身がこの面で寄与できるよう自己形成を図る決意を固める」とかが考えられます。これらは、これまでなら「向上目標」の枠の中に入れて考えてきたところです。しかし、こうした人格形成的な目標は時間的展望も極めて長期にわたり、しかも目標の追求も、途中経過的な目標到達性の確認も、極めて多面的総合的なものとなるため、「向上目標」から分離して「涵養目標」として扱ってはどうか、と考えています。「向上目標」は一連の指導なり教育活動との関わりで形成していける具体的な教育目標に限ることにし、それと区別して、さまざまな場に応じ、直接的間接的な手だてを用いて、徐々に、総合的な形で、個々の子どもの中に実現していきたい、といった形で考えていくべき教育目標を、「涵養目標」として考えたいのです。

「涵養目標」を考えざるをえないのは、まず第一に、教育という営みを学校での活動に矮小《わいしょう》化して捉えるわけにはいかないからです。学校で何かが具体的に分かっていく、何かが具体的にできるようになる、学校で具体的にこういう力がついていく、ということは非常に大切です。しかし「人間性の涵養」は、学校という場だけで考えることができません。子どもの生活するあらゆる場のあらゆる体験を通じて、その実現が図られていくことだからです。学校においては、そうした広い目配りを持ちながら、大事な目標については焦点化して捉え、そうした方向に向かって学校ならではの育ちを図り、その子その子に応じたその実現状況を確認していく、ということをやっていかなくてはならないでしょう。

そして、もう一つは、「人間性の涵養」ということの時間的展望の問題です。何らかの指導をしたら、すぐその場でとか、すぐその後でとか、その成果がすぐに出てくるというのが「達成目標」です。「向上目標」として表現されるものは、学校でいろいろなことをやっていく中で徐々に、という展望の中で指導も評価もやらなくてはなりませんが、「涵養」として考えられるところは、それ以上の圧倒的に長い時間の展望が必要とされるのです。場合によっては何年間もの積み上げの中ではじめて子どもの育ちが片鱗だけでも見えてくる、ということになるでしょう。「達成目標」「向上目標」の域を超えた、ずっと広範囲で長期間の展望に立たざるを得ないものを「涵養目標」として考えたい、ということになるのです。

こうした「涵養目標」については、指導する側からの断片的な気づきを気長に積み重ねていかなければならないでしょう。小学校や中学校で個人カルテを作る試みがときに見られますが、このような取り組みが大事だと思うのです。ちょっと気づいたことをメモして、その子のファイルに入れておきます。何月何日、どういう場面でこの子はどういうことをしていた。何月何日、この子にこういうことを尋ねたらこういう答え方をした。何月何日、この子にこういう活動のあと感想を書かせたらこういうことを書いていた。こういう断片的な事実をその子のファイルに入れておくのです。それをずっと積み重ねていくと、少しずつ少しずつではありますが、その子の内面の育ち、人格的な育ちが見えてくることになるのではないでしょうか。

3　なぜ外面への着目だけでは駄目なのか

涵養目標を考える、ということの背景には、教育における本質的な着眼点は一人ひとりの内面世界にある、という根本認識があります。

子どもの学習成果にしても、人間的な成長の姿にしても、その核心部分は内面にあるのです。したがって本当に教育的な評価を考えるとすれば、どうしても子どもの内面にまで視線を投げかける必要があるのです。それだけでなく、外側からの評価も最終的には子ども自身の自己評価に組み込まれていかなくてはならない、という教育的な大原則もあります。外的な評価が内面世界に適切な形で位置づけられ、新たな自己形成、自己創造の基盤になっていくことがあってはじめて本当の教育と言えるのです。このことを、とりわけ教育評価を考える際には、どこか念頭に置いておかなくてはならないでしょう。

(1)　行動目標論の乗り越えを

ある時期、行動目標ということで、外面だけに着目した評価、外面からきちんと確認されうる評価でなくては、と言われたことがありました。こうした行動目標の考え方でいくと、外面に現れたものだけを問題にしてはじめて、客観的で厳密な評価ができるのだ、ということになります。ある子どもが何かを「分かる」としても、その「分かる」ということは、その子どもの内面に生じた一つの事実ですが、そのままではなかなか外部から伺えませんし、評価をすることも困難です。だから「分かる」という事実が生じるとどういうことができるようになるか、という形で外に現れる行動に翻訳して考えてみようとすることになるわけです。

例えば、「分かる」と「自分の言葉で説明できる」ようになるはずだ、という具合に考えてみるわけです。つまり「分かる」ことが本当に実現しているならば、意味構造は変わらないようにしながら違う表現形態に移すことができるはずである、教えられたときの言葉と違う言葉を使って同じことを表現できるはずである、という形で外的な行動に翻訳してみるわけです。

確かに客観的で厳密な評価をやろうと思ったら子どもの内面に生じている事実を外的に確認できる形に翻訳して問題にする、というやり方が有効であることは否定できません。そうした考え方の大事さも軽々《けいけい》に否定してよいものではありません。しかし、教育の結果として子どもの内面に実現していくもののうちどれだけが、そうした外的な行動の形へ翻訳できるのだろうか、と考えてみなくてはならないでしょう。つまり、教育上大事なことのどれほどが行動目標の形で表現できるのか、ということです。

子ども一人ひとりの「気づき」や「思い」ということを考えてみましょう。さまざまな学習活動の中で、子どもはいろいろなことに気づくでしょうし、また、いろいろな思いを持つでしょう。そういうとき、子どもが「ぼく、こういうことに気づいたよ！」「私、こう思ったんだ！」と口にしてくれれば、外から確認することはできます。しかし、はっきりした形で自分の「気づき」や「思い」を語ってくれることは、必ずしも多くないでしょう。子ども自身が、自分の内面での「気づき」や「思い」を、はっきりと把握していないこともあります。また後になってから、「自分は、あの時にはもう気づいていたんだな」ということが分かる場合もあります。その時にはっきりと把握している場合でも、「先生から言われたわけでもないのに自分の方から口に出すまでもないだろう」と思っていることもあるかもしれません。それに、一定の「気づき」や「思い」が内面に生じれば口に出さなくてもこれこれの形で外的な態度とか行動に現れる、というものでもないのです。

さらには、ある種の「気づき」や「思い」を持たせたい、という「願い」や「ねらい」を持って教育活動を展開していくことがあります。また指導しながら、この場面で子どもはどんな気持で、どんな思いで、活動しているのだろう、と気になることがあります。しかしそういう場合に、行動目標の発想でやっていくことは到底無理なのです。確かに、外面に現れ出てきているものに対して十分に着目すべきでしょうし、それを手掛かりとして子どもの学習状況を把握していくことは大切でしょう。しかしそれと同時に、いやそれよりもずっと重要な課題として、内面に秘められているものの理解なり洞察なりに努めるべきではないでしょうか。

(2) 確かめを一人ひとりの自覚と決意につなげる

教育評価という言葉で一括されるさまざまな活動を「確かめ」という言葉に置き換えて考えてみることにしましょう。

その第一には、「外面に現れているものに関する外面からの確かめ」があります。通常行われている評価活動の大半は、これであると言ってよいでしょう。

第二には、「内面にあるものに関する外面からの確かめ」もあり、これもまた不可欠です。子どものつぶやきや囁きに耳を傾けたり、ノートやワークシートの記述内容を検討したり、イメージ・マップやSD法などの形でイメージ調査をしたり、KJ法などを用いて概念や認識の構造を浮び上がらせたり、といったことです。

そして第三に、「外面に現れているものに関する内面からの確かめ」も重要な意味を持ちます。例えば、教師や友人が外面から確かめたところを当人にフィードバックして自分なりに受け止め、考えさせる、ということです。自分自身について本当に理解を深めるためには、外面への現れとして他の人達の目に映ったところを知らせてもらい、それを自分なりに受け止め自己評価する、といった活動が大事になります。他の人からの確かめを自分自身にとっての「鏡」とするわけです。

さらに第四として、「内面にあるものについての内面からの確かめ」ということが考えられなくてはなりません。これは子どもに自らを省みさせ、内面にあるものについて自己評価させ、自分自身との対話を深めさせることにほかなりません。こうした確かめこそ、評価の最終的な姿と言ってよいでしょう。

外部からいくら、「あなたにはこういう良い点もあるけれど、こういう弱点もあるよ」と言ったとしても、本人がその見方に同意しなければ、どうにもなりません。「うん、なるほど、自分にはそういう良さと弱さとがあるんだな。よし、それじゃあ、そうした土台の上に立って、こう頑張っていこう！」という気持ちが生まれてこなければ、外面からどんな評価をし、指導助言をしても、教育的には空しい話です。いくら飴と鞭を使い分けて子どもを変容させようとしても、子どもの内面世界自体が変わらなくては、どうにもならないのです。ただ単に外面に現れた態度や行動が変わるだけでは、永続的な本当の変容や成長は期待できないでしょう。「そうか、自分は今こういう在り方をしているのだな、じゃあ……」というふうに自分自身の捉え方が変わっていき、自分で自分をこういう方向に持っていきたいという気持ちが起き、ひるむ心、怠けたい心を自分で励ましながら、自分なりに頑張っていく、ということであってほしいものです。言い換えるならば、内面に自己の認識と理解が育ち、それに根ざした自覚と決意が育まれ、そしてそれらを支える実感・納得・本音の基盤が深まっていかなくては、一人の子どもが長い年月にわたって着実な形で伸びていくことなど不可能なのです。

結局は「内面性の教育」ということを考えなくてはならないのです。そうした「内面性の教育」とは、結局のところ、一人ひとりの子どもの内面世界の在り方を常に念頭に置き、その変容・成長をもたらす活動や指導の在り方を工夫し、そうした取り組みの成果を、何よりも先ず、一人ひとりの内面に何が実現しつつあるのか、という観点から問題にしていく姿勢を持った教育、と言ってよいでしょう。

(3) なぜ内面世界を重視するのか

なぜ教育において内面世界を重視しなくてはならないか、ということの理由をまとめてみると、特に大事なものとして、次のような三つの点があげられるのではないでしょうか。

①誰かを本当に理解するとは、その子の内面を理解すること

まず第一に、子どもに本当に関わっていこうと思うなら、子どもを、その内面から理解しなくてはなりません。

子どもを外面から見ているだけでは、自分の思い込みで、その子を理解したつもりになってしまうことがあります。いくらその子どもに対して愛情があっても、真に理解するということのためには、その愛情がかえって邪魔になることもあるのです。

いくら愛情があったとしても、その愛情のために自分の目が歪んだり狂ったりしてしまうのでは困りものです。子どもを理解しようとするとき、こちらからの一方的な思い込みで分かったつもりにならないためには、その子が内面にどのような思いを持ち、そこでどのような感情が渦巻いているのか、その子どもにとって何が現実であり、何が価値あるものであるのか、といったことの洞察が不可欠となります。つまり、その子どもが生きている「現実」（これは教師や親が見ている「現実」とは異なる面が多い。人間一人ひとりが自分持ちの「現実」を生きているのであり、その「現実」こそ、ここで言う内面世界にほかならない）がどのようなものであるか、を問題にしなくては、その子どもを理解する方向に進んでいけないのです。

教師の方では、「この行為は良いことか悪いことか」を考えさせようとしているのに、子どもの方では「カッコ良いかカッコ悪いか」という点からしか考えない、ということがあるかもしれません。教師の方では、「正しいことか誤ったことか」を考えさせようとしているのに、子どもの方では「先生はこのことが好きなのか嫌いなのか」ということを問題にする、ということもあ

るかもしれません。また、教師の方では、「人間として望ましいことなのかどうか」を問うているのに、子どもの方では、肝心の「人間として」ということが全然ピンときていない、ということもあるでしょう。指導の前提として、子どもの内面世界の在り方を、十分に把握しておかなくてはならないのです。

②本当に分かるとは、自分の実感と本音に根ざして納得すること

第二に、何かが本当に分かるということは、子どもの内面世界の中にそのことがきちんと組み込まれ、しっくりと落ち着いたものになることである、ということを考えておかなくてはならないでしょう。

噛んで含めるように教え諭す、という言い方があります。懇切丁寧に指導することを言った言葉です。この言葉のように、やさしく、ゆっくり話してやれば、子どもは何でも分かってくれる、と思っている人も少なくありません。しかし、いくらやさしく、ゆっくり話しても、その子がピンとこなければ、どうにもならないのです。その子のそれまでの体験や、それを通じて形成されてきた実感、その子の持つ興味や関心、そしてその子が暗黙のうちに持つ意味や価値の感覚、などにうまくフィットしなくては、本当に分かるということは無理でしょうし、本当の学習にもならないでしょう。したがって、学習課題の論理的構造が分かっているだけでは不十分であって、その時期の子どもがそうした課題をどう受け止めていくか、そこに大人であり先進者である教師の場合とは異なるどのような落とし穴がありうるかを洞察したうえでなくて

は、適切な学習指導は不可能なのです。

授業の前提として、子どもの認識の「裏の構造」を調査し、洞察し、想定しなくてはならないことが強調されてきましたが、これも結局はそういうことにほかなりません。「裏の構造」とは「つまずきの構造」であり、「誤解の構造」であり、「学習上の混乱の構造」のことです。大人の目で見てネガティブな意味を持つものを含めて、子どもの持つ「生の論理」を理解し、前提としなくてはなりません。これもまた、子どもが学習を進めていくうえでの「現実」を、それぞれの子どもに即して理解しようという志向、と言ってよいでしょう。発問に対して期待通りの発言をしてくれた、テストで正しい選択肢を選んでくれた、といったことは、教師としてうれしいことです。それだけで喜んでしまいがちです。しかし本当は、それで満足してしまうわけにはいかないのです。その発言を支えているもの、その選択を支えているものは何であるのか、こそが問題だからです。どういう体験や実感に関わらせて、そういう発言をし、そういう選択をしたのか。その発言や選択の背後に、どのような構造を持った認識なり納得なりがあるのか。その発言や選択は、その子の本音の反映なのか、それとも教師その他の目を意識したタテマエ的なものなのか。少なくともこういった点については、十分に考えてみなくてはならないでしょう。表面に現れたものだけで、この子は本当に分かっているに違いないと単純に思い込んでしまう愚は、厳に避けたいものです。

③人間的な自立とは、内面に自分なりの原理を持つこと

第三に、人間的な本当の自立とは、内面に自分なりの原理を持つことです。教育ということを突き詰めて考えていくと、人間の在り方そのものとして、より望ましいもの、より高次なものに子どもを育てていきたい、という「願い」が強く浮かび上がってこざるをえなくなります。まさに「人間性の涵養」に関わる「願い」です。毎日の授業を通じて、さまざまな事柄を分からせ、できるようにさせ、覚えさせていくだけでなく、そうした具体的なものの達成を通じて、ものの見方や考え方、判断の仕方や行動の仕方、等々、人柄とか人間性とか言われるところにどのような変容がもたらされるか、というところまで考えなくてはならない、ということです。こうしたことは、結局のところ、子どもの内面世界そのものをどのように変えていくか、という問題に帰着するでしょう。

その子なりの人間性ということは、言い換えると、その子の人格ということであり、結局のところ個性ということです。こうした個性に着目した教育論も盛んですが、この言葉をそのまま用いてしまうと、真の個性の育成ということからは縁遠い教育論になってしまわざるをえなくなります。「ともかく、他の子どもと違うことをするように指導すれば、それが個性教育だ！」とか、「自分の課題や方法を選択して、個々バラバラに学習するようにさせれば、それが個性教育だ！」とか、「どんなに批判され攻撃されても自分の主張を変えないように訓練するのが個性教育だ！」といった類の主張は、そういう浅薄な「個性」理解の典型でしょう。

「個性的」とは、「変わり者」ということでも、「目立ちたがり」ということでもありません。「個

性がはっきりしている」ということは、「我が強い」とか「自己主張が強い」ということではありません。つまり、自分自身が依《よ》って立つ原理を内面に持っているかどうか、ということが、その人が真に自立した人間であるかどうか、真の「個」としての実体を持っているかどうかの決め手になるのです。堂々とした態度とか毅然としたものの言い方、といった外面的なものが、自立的であるとか個性的であるとかの証拠になるわけではないのです。その人の顔の後ろに広がる内面世界に、その人自身にとっての必然性を持った問題意識や固有の見方・感じ方、物事を判断する際の確固とした根拠・基準、といった原理的なものがあるかどうかこそが問題なのです。

しかし人間は誰しも、そうした内的原理をきちんと持っているわけではありません。実際には本当に弱い存在であると言ってもよいでしょう。「今年の雪は赤い」と誰か偉い人が言い出して、文化人と称する人達が「本当に今年の雪は赤い。これには、これこれのわけがあって……」と解説し、それで多くの人が異口同音に「雪が赤い！雪が赤い！」と言うようになると、誰しも「自分にはそう見えないけど、やっぱりそう言っておかなくてはいけないのかなぁ……」と考えるようになりがちなのです。「私の目には王様は裸に見える！」と、何者も恐れることなく、公言する子どもの話がありますが、なかなか自分の実感・納得・本音を孤立無援を覚悟の上で口にすることは、容易なことではないのです。

子どもにも大人にもそういう弱さがあるからこそ、安易に迎合・同調しない姿勢を、小さい頃から、少しずつ少しずつ育てていきたい、と願わざるをえないのです。そして、そうした姿勢を支える土台として、その人なりに一本ピシーッと芯の通った内面世界を持つようになってほしい、と願うわけです。「自分の実感・納得・本音こそを大事にしなくてはならない」と、子ども達に繰り返し繰り返し強調したいと思うのは、結局そういうことなのです。

4　内面世界を変えていくことの意味

内面世界を重視するということは、一人ひとりの持つ実感・納得・本音をそのまま「良し」とすることではありません。実感というものは、独り善がりのものであることが多いでしょう。納得と言っても、非常に浅いものであったり、一面的なものであったりしがちです。本音などというものは、大体、自己中心的で、勝手なものが少なくありません。だから、実感・納得・本音を大事にする習慣をつけていくと同時に、その実感・納得・本音そのものを変えていく教育が考えられなくてはならないのです。

　このためにはまず、子どもが素直に何でも口にできる場をつくらなくてはなりません。教師との関係も、子ども同士の関係も、受容的で温かいものでなくてはならないでしょう。そうでなくては、子どもが自分の実感・納得・本音をそのまま口にし、それを素材として皆で練りあげていって、より一般性のある、そして公正・公平な、共有の認識や価値観にまで高めていくことは不可能だからです。綺麗ごとばかり口にする教師が少なからず見られる現在、そして、教師との関係も子ども同士の関係も寒々しいものでしかないようなクラスも見られる現状では、こうした点での努力は大きな課題となるでしょう。

もちろん、子どもの方でも、自分の実感・納得・本音を素直に口にできるようにならねばなりません。そのためには、自分の内面にあるものについてよく認識し、それを的確に表現することも、訓練しなくてはならないでしょう。特に、その時その場での思いや気づきを、そのまま素直に口に出して表現するように努める、といった活動が、大事な意味を持つのではないでしょうか。

実感・納得・本音を変えていくためには、時に、強烈なインパクトが必要とされることがあります。心の奥底から揺さぶられるような体験がほしいものですし、既成概念・固定観念がひっくり返されるような体験も必要でしょう。また、これまで何気なく見過ごしていたことが非常に大事な意味を持っていたことにハッと気づくような体験も大切ではないでしょうか。こうしたことを通じて、子ども一人ひとりなりの人格的成長が、大小のメタモルフォーゼの積み重ねの形で実現していく、ということを期待したいものです。

要は、一人ひとりの内面世界を洞察しつつ、どのようにして、その内面世界そのものを変えていくか、ということです。教育評価についての研究・実践ということを、そうした深い意味での人間教育を目指す試みの一環を成すものとして、形だけにとらわれることなく考えていきたいものです。

第4章
測定から評価へ、そして形成的評価へ

1 評価の客観性ということ

知識・理解や技能だけでなく、関心・意欲・態度や学びに向かう力といった情意的な面での育ちにも着目したい、思考力・判断力・表現力といった高次の総合的能力の育ちにも着目したい、さらには「人間性の涵養」といった視点から全人格的な成長・成熟にも目を配っていきたい、こうした動きが強まっています。この動きは、ペーパーテスト中心の学力観・評価観になんとか風穴をあけよう、「生きて働く力」を大事にしよう、「精神的な成長」を視野に入れた人間教育の面を強化していこう、という基本的方向性を持つものです。

しかし、こうした動きについては、関係者のホンネの中に少なからぬ批判・抵抗がないわけではありません。その主要な理由となっている点は、学びに向かう力、関心や意欲、思考力や判断力、さらには人間性とか精神的な成長といった面は、客観的な把握が困難であり、公正公平な評価という点からも問題があるのではないか、というものです。

しかしながら、評価はいつでも客観的なものでなくてはならないのでしょうか。主観的なものが入ったら評価は成り立たないのでしょうか。もちろん、テストの得点にしても成績にしても、いい加減なもの、依怙贔屓《えこひいき》の入ったもの、であっては困ります。その意味では誰が見てもなるほどと思えるような公正公平性を備えたものであってほしいものです。しかしながら、あまりにも客観性を重視していくと、客観的に把握しにくいものを切り落としてしまうことになりかねません。客観性ばかりを強調して言うと「見えにくい学力」「精神的な成長」等の評価は断念せざるをえなくなります。しかし結論的に言うなら、客観性がないからという理由で大事な学力や育ちを顧みない、評価しないというのは、時代遅れの発想であり、歴史的に見てすでに克服されたものと言っていいのです。

教育評価の歴史をたどって見ますと、客観的な評価を目指すさまざまな試みが連綿として積み重ねられてきたことがよく分かります。評価の歴史は、何よりもまず、どうやって客観的な評価をするか、ということを中心としたものであった、と言ってもいいでしょう。

欧米では19世紀まで筆記試験は一般には行われていませんでした。面接法（口頭試問）が中心だったわけですが、これではなかなか客観的な評価ができないということで筆記試験が導入されたという経緯があります。さらには、筆記試験をしたとしても、論文体であるとかレポート法であるとか長い文章を書かせると、採点する人の間で見方が分かれてしまって、なかなか同じような点数になりません。そういうことでは客観的でないということで、レポートや作文を評価するときの基準や着眼点をはっきり決めよう、という動きも出てきたわけです。

そういう動きの延長上に、客観テストで評価すべきだ、という主張や試みが出てきました。つまり回答を実際に書かせるのではなく、正誤法（○×法）や多肢選択法、組み合わせ法を用いて回答させる、あるいは一言だけ書き込めばいい短答記入方式で回答させる、といった客観テストが流行するようになったのです。

こうした客観テストを推進したのは、アメリカで１９１０年代から１９３０年代にかけて展開された教育測定運動でした。この代表者はソーンダイク（Thorndike,E.L.）でしたが、その主張の中心は「測定」であり、「客観性」でした。先にも述べたように、それまでの面接法（口頭試問）や筆記試験といった方法は、採点者の主観（評価者が暗黙のうちに持つ着眼点・基準など）によって大きく評価結果が異なってくる、という点が強く批判されたのです。自然科学的方法論への絶対的な信頼が、教育といった極めて人間的な営みにおいても「科学的」な実態把握がどうしても必要であり、またそれは十分に可能である、という主張として現れたとも言うことができるでしょう。ここから客観テスト方式が編み出され、また、評価の甘い・辛いをなくすための正規分布に基づく相対評価、などといった技法が考え出されてきたわけです。

2 客観的な測定から教育的な評価への転換

客観性第一という動きに対して大きな疑問が出てきたのは１９３０年代のことでした。客観テスト万能といった発想に対する批判の中心になったのがタイラーです。タイラーは、教育学者・哲学者のデューイ（Dewey,J.）に協力して進歩主義教育運動を展開した指導者の一人でありましたし、子ども達が自分の力で課題を見つけ、自分なりにそれを追求・探究し、問題解決していく学習過程を大事にする、という教育観に立っていた人でした。進歩主義教育運動においては、経験主義的な問題解決学習が強調されたわけです。そして、表面的な知識・理解や技能が身につくだけでは駄目であって、関心の深まりや意欲の高まり、自分なりの根拠を持つ思考力や判断力といった学力基盤が育っていかなければどうにもならない、と主張したのです。

こうした教育観・学力観に立つならば、客観的に把握・評価できない面をどのように扱うか、ということが問題にならざるをえません。もっと言うと、客観的に把握・評価できない面にこそ着眼し、そうした面をこそ重視していかねばならない、ということになります。こうした考え方から、タイラーは、評価の客観性を確保しようというそれまでの動きの中で、教育にとって大事なものが見落とされてしまっているのではないか、という問題提起を行いました。そして実際に、そうした大事なものの見落としによって教育そのものが歪んでしまっている場合がある、という指摘をしたわけです。

当時、アメリカで英語の成績をつけるのに、多くの学校で綴り（スペリング）のテスト結果だけを使うということが行われていたといいます。英語の力が本当についたかどうかを見るためには、きちんとした英語の文章を書けるかどうか、きちんと英語の文章を読みとれるかどうか、あるいは英語で会話ができるかどうか等々、単なる綴りが正確に綴れるかどうか以上の総合的な力が必要なはずです。だから授業の中では英語の読解力や表現力を育てるためにさまざまな活動をしていたでしょうが、実際に成績をつけるという段階になると、「客観的に」ということで結局は綴りのテストの得点だけになってしまっていたわけです。

　そうなるとどういうことになるのでしょう。実際に英語を学んでいる子どもの方では、確かに授業では、どうしたら英語の文章をちゃんと読み解けるか、どうしたら英語でちゃんと作文できるか、といったこともやるけれど、しかし成績につながっていくのは結局は綴りの力だけじゃないか、ということになります。そうすると読解にも作文にも力が入らなくなり、綴りの勉強ばかりをする、ということになってしまうのではないでしょうか。こうなってしまいますと、客観的な評価ということを大事にしたために教育そのものが歪んでしまう、ということになるわけです。客観的な評価をやろうとしたために、子どもの学びそのものが非常に一面的で偏ったものになってしまったのです。

　どうしてそういうことになったのかというと、どこかで本末転倒の発想になってしまったからです。本来、教育においては、子どもにどういう学力や育ちを実現していくか、ということが一番の問題のはずです。例えば英語教育においては、英語の文章が読みとれ、英語で自分の考えが表現でき、英語で会話ができ、といった学力なり育ちなりを実現していかなければならないはずです。これが英語教育の「願い」であり「ねらい」であるでしょう。ところが評価の際には、そうした「願い」や「ねらい」のうちのごく一部しか問題にされないとすると、子どもの実際の学習はそのごく一部だけに集中してしまいがちになるのです。つまり、客観性という非常に技術的な発想が優先してしまって、子どもにどういう力をつけるべきなのか、その力が本当についているのか、といった教育にとって根本的な視点がどこかに吹っ飛んでしまうわけです。

客観性を強調することが悪いわけではありません。ただし、客観性を第一の条件にしてはいけないのです。最も大切な条件とは、子どもにどういう力をつけさせたいのかという目標（「願い」や「ねらい」）にそった評価であるかどうか、ということなのです。目標の中には、客観的に捉えやすい部分もあれば、そうでない部分もあります。知識・理解や技能は客観的に把握しやすい部分でしょうし、関心・意欲・態度や学びに向かう力とか、思考力・判断力・表現力といったものはなかなか客観的に把握できない部分です。だからといって客観的に把握できない部分を、目標や評価からはずしてしまうことは許されることではありません。客観的に把握できないようなものであっても、教育的に大事であれば何とかその育ちを、たとえ大まかなものであっても見てとるように努めなくてはならないのです。

タイラーは、ここに述べてきたような趣旨のことを繰り返し強調しました。そして「測定から評価へ」というスローガンを唱え、客観性第一の評価観から目標の実現状況の確認を第一とする評価観への転換を主張したのです。こうした考え方にたって、タイラーは「評価運動（pupil evaluation movement）」を展開していったわけですが、これによって教育評価という概念がはじめて確立したと言われています。

繰り返すようですが、客観性ということばかりに気をとられていると、そこでいったい何を問題としているのかという肝心な点が見落とされてしまうことになります。そして学力や育ちの周辺的な部分ばかりが問題にされる、という滑稽《こっけい》な結果になってしまうのです。客観性に問題があろうとも、目標として大事な面であるなら、何とか工夫して評価していこうではないかということでなくてはなりません。そのためには、客観テストだけでなく、論述式も、実技テストも、観察チェックリストも活用することを考えるべきだ、とされたわけです。

3 現代の教育論、評価論を踏まえて

客観性を強調したソーンダイクの教育測定論を第一の節目、目標の実現状況の把握を強調したタイラーの教育評価論を第二の節目としますと、第三の節目は評価の働き（機能）を重視するブルーム等の形成的評価論と言ってよいでしょう。これは１９７０年代以降に欧米で、さらにはアジアやラテンアメリカで広範囲に受け入れられ、現代の教育評価論の根底になっていると言ってよいものです。ここでは、評価した結果を学ぶ側にどうフィードバックして活用させるか、また教える側では個別的な対応や指導計画の改善のために評価結果をどう活用していくか、という発想が中心となっています。言い換えるなら、評価の仕方や様式といった面よりも、評価をどのように働かせるか、といった面の方が、教育的にはるかに大きな意義があるというこ

となのです。もちろん、評価の方法の面は全く考えなくていいということではなく、評価が教育的に機能しやすくなるためには、相対評価よりも到達度評価の方が、ペーパーテスト中心よりは論述式や観察、自己評価など多様な評価技法を用いた方が、知識・理解や技能といった「見える学力」のみを評価するより、関心・意欲・態度や学びに向かう力とか思考力・判断力・表現力といった「見えにくい学力」をも重視した評価をする方が、より教育的であるということになるわけです。

　こうした流れの延長上に、現在の評価論が位置しているのです。確かに、テストの得点とか通知表・指導要録での成績、あるいは上級校進学の際の調査書の内容は、誰にとっても気になるものであり、こだわらずにはいられないものです。気になるものだからこそ、いい加減なものであっては困るという気持ちにもなるのです。きちんと客観的な資料が集められて、客観的な基準で判断された上での得点なり評点なり数値なりがほしいという気持ちになるのです。そういう思いや気持ちがあるだけに、どうしても客観性を第一に考えるという発想が乗り越えられなくて、現在にまできてしまっているのでしょう。

　しかしながら、客観性ばかりを強調して言い、結局ペーパーテストだけで「見える学力」の表層をすくいとっているだけの評価は、今や過去の遺物と言わざるをえません。同様の理由により、行動目標のみで評価目標・教育目標を考える発想の不毛性も明白と言わなければなりません。このように考えてきますと、あれこれの評価のフォームをこのように変えてみました、というだけの「評価改善」が、実は本当の改善でないことも明らかになるはずです。評価結果を学習者一人ひとりにどのように受け止めさせ、その後の努力につなげていくのか、その評価結果をきっかけに教師はどのような指導をしていくつもりなのか、といった点の工夫がない限り本当の評価改善にはならないのです。さらには「評価の重視」ということで、評価活動を指導過程に取り入れ過ぎ、学習者が課題にのめり込んでいく場や、のびのびと自分なりの発想を展開していく場を奪ってしまっている場合がありますが、そのどこに重大な誤りがあったのかということも、こうした流れを検討してみるならば、はっきりしてくるのではないでしょうか。

さらに言えば、関心・意欲・態度や学びに向かう力とか問題解決力・思考力といった、学力として捉えにくい面が、現在なぜ重視されるのであろうか、ということの意味を考えてみなくてはなりません。外的にきちんと押さえることのできる知識や技能以上に、内的情意的なもの、追求・探究への姿勢や問題との取り組み方といったことが、なぜ学力として考えられねばならないのか、ということです。実はここにこそ、教育ということを本質的な点から考え直してみる基本視点が存在すると言っても過言ではないのです。

子どもの学習成果にしても、人間的な成長の姿にしても、その核心部分は実は内面にあるのです。だからこそ、教育ということを本当に考えるとすれば、どうしても子どもの内面に対して視線を投げかける必要があるのです。それだけでなく、教育に当たるものによる外側からの見きわめや評価も、最終的には、子ども自身の自己理解、自己評価に組み込まれていかなくてはならないでしょう。外部から見てとられた情報が内面世界に適切な形で位置づけられ、新たな自己形成、自己創造の基盤になっていくことがあってはじめて、本当の教育と言えるのです。

4 評価観の転換について留意すべきこと

(1) 評価方法の先祖返り的様相をどう見るか

評価の具体的な手法ということになりますと、現在は、歴史を逆にさかのぼっていっている感じがないわけではありません。例えば客観テストによって克服されたはずの論述式試験とかレポート法、あるいは観察法や面接法（口頭試験）が、また新たに重視されているということがあります。けれども、これはただ単純に昔のやり方に返ったということではないのです。やはりこれまでの議論や試み、あるいは理論的な展開を踏まえていますから、同じように何かを書かせるにしても、同じように観察したり面接したりしても、昔とは違う点がないわけではありません。

それは何かと言いますと、まず第一は、問題の出し方や着眼点が目標に則したものになるよう努力されている、ということです。結局どういう力がついてほしいのか、ということをはっきりさせた上で論述の問題も出しましょう、レポートの課題も出しましょう、ということになっているのです。あるいは行動観察をする場合でも面接をする場合でも、結局どういう面がどうなのかを本来の「願い」や「ねらい」に則して見ていきましょう、という着眼点がはっきりしているわけです。

第二には、そういう非常に多義的な内容をどう分析していくか、どう客観的な資料に仕立てていくか、ということについて方法論的な進展がある、という点です。例えば、子ども達がいろいろ書いている中でキーワードだけを取り出して見ていく、あるいはそのキーワード相互の構造を組み立てて構造化してみる、といった方法もあります。

客観テストの場合と違って、評価のための基礎資料は多義的でどろどろしたものですけれども、そこから何を読みとっていくのかという分析・整理の手法はずいぶん発達してきたと思うのです。ですから、確かに評価のための手法そのものは昔のやり方に返っているように見えるけれども、しかし、やはり昔に比べて一工夫も二工夫もある、というふうに受け止めた方がいいだろうと思います。

(2) 客観性第一の発想と相対評価重視との関わり

正常分配曲線（正規分布、ノーマルカーブ）に基づく相対評価の考え方が日本に入ってきたのは大正時代からですが、特に第二次世界大戦の敗戦後、アメリカの影響もあってこれが日本の教育界に蔓延《まんえん》してしまった、という事情があります。このためもあってか、評価と言うと、未だに上からの7％の「A（5）」に入ったか、次の23％の「B（4）」に入ったかという位置づけとか、全体で何人の中で上から何番目だったという順位にこだわってしまう、という傾向が残っています。そして、位置づけや順位を決める場合には、誰からも文句が出ないように、できるだけペーパーテストではっきりと点数が出てくるところだけで判断する、ということになりがちでした。

しかし、やはりその点について関係者の間に深い反省があって、そこからどう抜け出そうかということが大きな課題になってきたわけです。客観的に測定できない「見えにくい学力」を大事にしていこうということも、そうした反省の一つの現れでしょう。また、相対的な位置づけとか順位といったことではなくて、ここまでできた、これが達成されたという到達度評価的な視点を大事にしよう、という動きも出てきたわけです。この具体的な現れが、小・中学校の指導要録の観点別学習状況の評価欄の設定ということだったわけです。この欄は基本的に到達度評価ですから何人に「A」をつけたっていいわけですし、また「C」の評価が一人もいなくてもいいわけです。

もちろん中学や高校の場合は上級校へ進学するための受験を控えていますから、相対評価的な位置づけとか順位に関わる情報も重要な意味を持ってきます。しかし評価と選抜とは本来分けて考えなくてはならない問題です。選抜は基本的に相対評価的な位置づけとか順位に関わる問題なのです。上級校に進学する際には、高校であろうと大学であろうと定員があります。そうすると何らかの形で順位を決め、上から順番に入学許可を出していかざるをえません。このことができる子、このことが分かっている子はみんな入れる、というわけにはいかないのです。そういう意味では、選抜ということには非常に厳しい面があります。ですからそれに見合った形での情報を通知表や指導要録に盛り込まなければならない、ということにもなります。

しかし教育ということからいって一番大事なのは、本当にこういう力がついたのか、こういうことに関心が深まったのか、こういうことをやる気が出てきたのか、といったことのはずです。そういう意味での評価ということを、やはり子ども本人にも保護者にも、教育に関係する者はことあるごとに強調していくべきではないでしょうか。選抜は選抜で大事なことだけれど、同時に、子どもの育ちそのものは選抜よりもはるかに重いものだ、ということを考えていかなければならないと思います。

(3) 客観的評価と個性重視の教育

一人ひとりの子どもについて、その子の持ち味とか個性を考えていくと、まさに十人十色です。どうしても評価が嫌な目で見られるのは、一つの次元なり物差しだけで子どもに順番をつけてしまったり、優秀とか劣等とかレッテルを貼ってしまったりしがちになるという面があるからだろうと思います。実はそういう一次元的な評価は教育にとって逆効果といいますか、教育ということに逆行するものなのです。教育というのは、子ども一人ひとりがその子らしさを実現していくのを援助していこうという営みですから、一次元的にそれぞれの子どもを位置づけるということとは、本来、全く逆の発想でなくてはなりません。十人十色ということを徹頭徹尾大前提にしていかなくてはならないのです。

　ところが客観性重視ということは、どうしても一次元の線上にそれぞれの子どもを位置づける、という発想につながってしまいがちです。だからこそ客観性第一の評価観を乗り越えなくてはならないという面も確かにあるのです。やはり、この子の場合こういう点はいいけれどこの点が駄目だとか、あの子の場合ああいう点はまああだけども、この点はまだ頑張らないといけないとか、そういうふうに一人ひとりを多面的に見ていくのが本当でしょう。もちろん多面的に見ていくと言ってもモザイク的に見ていくのではなく、そういう多面的な現れを通じてその子らしい統一された人間像を探っていく、その子らしい全体像が具体的な形で浮かび出てくるような捉え方を工夫していく、という努力をしていかなければならないと思います。

(4)「主観」で子どもに関わる覚悟を持つ

自然科学がどんどん進んでいく中で、主観性とか主観ということが悪者にされてきたという歴史があります。20世紀に入ってからもその余韻が残っていて、ずうっと主観性が排除されてきました。ところが、最近ポストモダンというようなことが言われるわけですが、文化人類学とか哲学とか社会学とかさまざまな学問分野で、主観性の回復が主張されているのです。

客観ということは本当はどこにもないのです。一人ひとりが見ている世界、その意味で数多くの主観的な世界しかそもそも存在しないのです。結局は客観と呼ばれているものは、お互いの約束ごとみたいな話です。もう一度一人ひとりが本当に持っている内面世界というか主観的な世界というか、これをこそ大事にしなければならない、ということが言われているのです。

教育においても同じことだと思うのです。教師でも親でも自分の主観で子どもを教育しているわけです。そのことを恐れてはいけません。教師には自分なりの「願い」や「ねらい」があるはずです。「願い」や「ねらい」というのは、まさに主観です。そして自分なりの思いとか教育観とかを支えにして毎日毎日やっているわけです。これは親だって同じことです。親も子どもに対して客観的な期待なんか持てるわけがないでしょう。親が持てるのは、この子にどういう大人になってほしいか、私は親としていったい何がしてあげられるのか、という極めて主観的な「願い」です。それでいいのです。教師も親も主観で子どもに関わっていくしかないのです。したがって評価も、最終的には主観的なものだ、という覚悟を持つべきでしょう。もちろん他の人に分かってもらえるような資料の整え方はしなければなりません。他の人にも分かってもらえるように評価基準を明確化することも必要でしょう。しかし最後は、私がこの子に関わって、私の責任でこの子を育てていくんだという意味で、徹頭徹尾主観的なものだという覚悟が必要です。教育ということ自体、目標の立て方、指導の仕方、育ちの確かめ方、評価的判断に至るまで、結局のところは主観的なものであると考えていくべきではないのでしょうか。

主観性を恐れないということは、安易に考えると、自分の勝手な思いで突っ走ってもいいような誤解に導かれてしまう恐れがあります。そういうことではないのです。主観性を大事にすることは独善とは全く異なったものなのです。関係者に対して自分の考え方をきちんと説明し納得してもらえる、それによって関係者みんなが基本的な共通理解を持つ、という大きな歯止めを大事にしながら、しかしなおかつ主観性ということを恐れないでやっていく、ということが必要になってくるのではないでしょうか。

第5章　相対評価・絶対評価と到達度評価

1　評価基準を何にするか

相対評価とか絶対評価という言葉をよく聞きます。また、到達度評価とか目標に準拠した評価という言葉も耳にします。これらはいずれも、評価基準をどう設定するか、ということに関わっています。

相対評価とは、基本的に、集団の中の他の人達と比べて優れているか劣っているかを判断するものです。この場合の評価基準は集団基準（norm）と呼ばれますが、これは他の人達はだいたいどの程度なのか（所属集団の平均と分散）ということを意味しています。

これに対して、絶対評価という言葉で呼ばれることの多い認定評価は、評価を下す人の心の中に暗黙の形で存在する評価基準にしたがって、「この程度で大丈夫か」「満足できるか」を判断するものです。例えば心の中に「この水準なら〈5〉だろう」とか、「この程度だったら〈合格〉だろう」という基準が内々にあって、それに基づいて評価を下すということになるわけです。

　目標に準拠した評価とは、到達度評価と呼ばれることもあります。これは、評価する人から独自に何か客観的に確認できるような到達基準（criterion）を作っておいて、そういう外的基準に照らし合わせてみたときに、これで十分なのだろうか、〈合格〉だろうか、といったことを見ていくものです。最近はこちらの方が絶対評価と呼ばれることも多くありますが、先の認定評価としての絶対評価と混同しないよう十分な注意が必要です。

　実はもう一つの評価基準のとり方があります。これは個人内評価と呼ばれるもので、その人自身の以前の状態に比べた場合に現状はどうなのか、ということを判断して評価するもので

〈表 5-1〉評価基準および評価者の側から見た教育評価の類型

到達目標の意義		有		無	
評価の基準		外的客観的目標・基準	評価者の内的目標・基準	集団内の他者	当人の過去の実績
評価者	教師	目標到達度の評価 [到達度評価 (絶対評価Ⅰ)]	内的基準満足度の評価 [認定評価 (絶対評価Ⅱ)]	優劣度の評価 [相対評価]	進歩度の評価 [個人内評価]
	学習者自身	目標到達度の自己評価 [達成・未達成の感覚と認識]	内的基準満足度の自己評価 [満足・不満足の感覚と認識]	優劣度の自己評価 [優越・劣等の感覚と認識]	進歩度の自己評価 [進歩・停滞の感覚と認識]

す。前に比べて進歩しているかどうかを見る評価と言ってもいいでしょう。このため、これは進歩度の評価と呼ばれることもあります。

このように評価基準のとり方の違いによって、4種類の評価タイプが出てくることになるわけです。ただ、個人内評価は特別支援教育の場合などには多く使われたりしますが、一般的にはあまり使われていません。もちろん、通知表にそういう進歩度の評価、個人内評価を入れるべきだという主張もあり（私自身もそういう助言を学校に対して行ってきましたが）、そういう試みも見られないわけではありませんが、現実には必ずしもポピュラーではありません。そういうことから言えば、今現実に多くの人達の念頭にあるのは、相対評価、到達度評価（絶対評価Ⅰ）、認定評価（絶対評価Ⅱ）、という3種の評価の仕方であると考えていいでしょう。

2 到達度評価から認定評価へ、そして相対評価へ

日本の教育評価の歴史を見てみますと、7世紀天智天皇の時代にはじめて公立学校でテストや成績づけをやるようになったという記録があります。この時はテストにしても成績づけにしても、きちんとした到達基準が設定されており、到達度評価でした。

テストとしては10日ごとに行われた日常的な試験（旬試）が定められていますが、読み方のテストと内容理解のテストの2種があり、どちらの場合も大体3分の2の辺りに到達基準が置かれていました。そして、そこまで行かないと鞭や棒の罰を受ける、とされています。また年度末

の大試験（年終試）の場合には、八つの大きな問題が出て、六つ以上できると「上」、四つか五つだったら「中」、三つ以下だと「下」という成績がつき、「下」の場合は落第とされていました。

こうした形で到達度評価を古くからやっていたわけです。しかしながら到達度評価は、長い間やっているうちにだんだんと外的基準があいまいになって、実質的には認定評価になってしまう場合がないわけではありません。つまり、教師自身の内的基準に照らしてみて、「このくらいだったら大丈夫だ」「このくらいだったら御の字だ」ということで判断していくようになりがちなのです。

例えば、明治以降の日本の教育を見ていっても、まず初期の頃は非常に厳しく、到達度評価的に「何点以上とらないといけない」というテストや成績づけが行われ、上の学年に進級できない子どもが小学校低学年に累積していく、といった状況が見られました。しかしすぐにそうした厳しいシステムは緩和され、自動的進級制度ということで、1年間きちんと出席して授業を受ければ誰もが次の学年に進む、ということになりました。成績づけも教師が「だいたいこの程度でいいだろう」「これで大丈夫だろう」ということを見てとって「秀」「優」「良」「可」「不可」をつけていくという認定評価に変わっていったわけです。明治から大正にかけては多くの学校で実質的には認定評価で評価をしていました。

しかし、認定評価で評価をすると、誰が評価するかによってどうしても甘い・辛いが出てきてしまいます。例えばある先生は非常に甘くてみんなを「優」と評価するのに、別の先生は非常に辛くて同じ程度できていても、「これくらいじゃ駄目だ、私が出す「優」は3年に1回たった一人」などということも起こってしまうことになります。そういうことであれば、「優」だとか「秀」だとかと言ってみても、「これは何々先生にもらったものなんだ」ということを言わない限り意味を持たなくなってしまいます。辛い先生にもらった「優」であれば非常に大きな重要性を持つでしょうが、甘い先生にもらった「優」ならあまりうれしくない、ということになるわけですから。

そういうことで大正になると一部の進歩的な学校では「これでは困る」ということになり、甘い・辛いの入らない評価をやろうという動きが出てきました。当時アメリカでは、相対評価の考え方がソーンダイクを中心に広まっていくところだったので、それをいち早く取り入れ、わが国でも一部の学校で相対評価を試みだしたのです。具体的には正常分配曲線（正規分布、ノーマルカーブ）に基づいて、「秀」「優」「良」「可」「不可」といった標点ごとの人数をあらかじめ定めておく、という「正常分配曲線に基づく5段階相対評価」と呼ばれる方法でした。

このように相対評価でやれば、評価の甘い・辛いはなくなります。例えば上から7％の子どもに「秀」あるいは「5」を与える、と決めておくとすると、40人の学級であれば3人前後の子どもに「秀」なり「5」なりをつければいいわけです。これは、辛い先生であろうと甘い先生であろうと同じです。同じように下から数えて7％、40人のクラスだと3人前後に「不可」なり「1」なりを与えなくてはならないということになっていれば、甘い先生も辛い先生も同じようにやらなくてはならないことになります。こういうことで大正時代から昭和初期にかけて、これこそ科学的な評価法ということで、「正常分配曲線に基づく5段階相対評価」が流行したのです。

しかし、１９４１（昭和16）年、小学校が国民学校に衣替えしたときに、当時の文部省から相対評価をしないよう強く指導がなされています。子ども達に対して上から７％は「秀」だとか、その次の24％は「優」だとか、機械的に成績づけをするとは何ごとか、子ども達は本来誰もが優秀な成績をもらうようにならねばならない、といった論理です。これは現代のマスタリー・ラーニング（完全習得学習）の考え方にも通じるもので、一理ある考え方と言ってよいでしょう。ただし文部省のこうした指導にもかかわらず、一部の学校では終戦になるまでずっと相対評価でやっていたようです。

１９４５（昭和20）年の敗戦の後、アメリカの占領下に入ったということもあって、当時のアメリカの教育理論が滔々《とうとう》と流れ込んできました。教育評価の理論についても、アメリカで当時非常に有力であった「正常分配曲線に基づく5段階相対評価」の考え方が改めて入ってきました。文部省も基本的にその流れを推奨し、どの学校でも基本的に相対評価をやることになったわけです。当時は「プラス２」「プラス１」「０」「マイナス１」「マイナス２」といった5段階の評点が用いられました。

3 相対評価から到達度評価へ、そして多様な評価基準の併用へ

相対評価は確かに評価の甘い・辛いをなくすのには効果的ですが、教育的に見ると大きな問題をはらんでいます。本当に頑張ってクラス全員ができるようになったとしても上の方からの７％しか「５」をもらうことができません。逆に皆が怠けて全然できないままでも、上の７％は自動的に「５」をもらってしまいます。これでは学力の実態も頑張りの成果も全く反映していない成績づけ、ということになるわけです。確かに評価の甘い・辛いはなくなったけれども、学力等の実態とは無関係に、ただ単にクラスの中での、あるいは学年の中での位置なり順位なりだけで成績が決まってくるような評価は、教育ということからいうと本質的におかしいのでは、ということにならざるをえません。しかも相対評価を中心にやっていくと、子どもが自分自身を他の人よりも優れているか劣っているかだけで見てしまう、といった自己意識の成長発達上まずい結果も現れてくることになります。

そういうことで、相対評価をやめて、違う評価基準のとり方でやっていこうという動きが強まってきました。しかし単純に、以前の認定評価（絶対評価Ⅱ）に返ってしまうのでは困ります。そこで出てきたのが、評価する側の人の心の中の基準ではなく、評価者の外側に何らかの評価基準を作って評価しようという到達度評価の考え方でした。この動きはアメリカでは日本より10年あるいは20年早く出てきました。これはクライテリオン（到達基準）に準拠した評価とも言われ、先にも述べたように、テストにしても成績づけにしても外的に確認できるような到達基

準を設定しておいて、それをめやすに点数をつけたり成績をつけたりしていこう、というやり方です。

わが国の場合には、ブルームの評価理論が１９７０年代に入って紹介され、１９７０年代後半から到達度評価をやろうという気運が小学校や中学校で高まってきました。そういう動きを踏まえて、１９８０（昭和55）年の指導要録改訂ではじめて到達度評価で記入する「観点別学習状況の評価」欄が設けられました。もちろん基本的に相対評価で記入する評定欄も残っていたのですが、到達度評価の欄が設けられたことは、評価基準の多様化という点からも大きな進展であったと言ってよいでしょう。この「観点別学習状況の評価」は、各教科ごとに「知識・理解」「技能」「思考力」「関心・態度」に関する４つの観点を設定し、それぞれの観点ごとに最低到達基準と上級到達基準を設定して、上級基準をオーバーしたか、最低基準をオーバーしたか、最低基準に達しなかったか、という視点から3段階で評価しようというものでした。

２００１（平成13）年の指導要録改訂では、評定についても絶対評価（目標に準拠した評価）でなされるべきとされ、また従来通り「観点別学習状況の評価」も重視されるということで、到達度評価中心の評価原則に完全に転換したと言ってよいでしょう。

このようにわが国の教育評価の歴史を振り返ってみますと、当初は到達度評価だったのがだんだん実質的に認定評価になり、大正時代からは相対評価も一部に出てきましたが、太平洋戦争中には禁止され、敗戦後は相対評価一色になった、ということになります。ところが相対評価ばかりでやっていくと優劣に気をとられて本当に力がついたかどうかを問題にしなくなる、ということで、１９７０年代後半から到達度評価が重視されるようになってきたわけです。

このような歴史的経過があったわけですが，どのような評価基準のとり方が一番良いのかということになると、現実にはなかなか判断が困難になります。

例えば、現在の教育界では不人気な相対評価にも、それなりの良さがないわけではありません。上級校への進学に際しては入学定員枠があるわけですから、上位からどのくらいの位置にいるか、志願者の中での相対的な位置が分からなければなりません。コンクールや競技会で入賞するかどうか、ということも日常的に自分の位置づけを相対評価する習慣をつけておかなくてはどうにもならないのです。

また、認定評価は主観的な評価だから駄目だ、という考え方もありますが、必ずしもそう簡単に言えるものではない、ということがあります。例えば茶道とか華道などの場合、「これくらいだったら大丈夫」「これくらいできたらこの免状をあげよう」と、お師匠さんがいろいろ評価しながら指導してくれるわけですが、このような場合の評価はまさに認定評価なのです。個人的な師弟関係を結んで、「この人をこう伸ばしていこう」「この人にこう力をつけていこう」ということになると、どうしても認定評価でいかなくてはならなくなるのです。

到達度評価の場合には、他の人との比較でなく自分自身の成長ということだけを考えていけばいいのですから自己教育的な面でも重要な意義を持ちます。しかしながら、現実には到達基準を詳細に定めていくということは、なかなか大変な作業になります。実際には最も煩雑な評価方法と言ってよいでしょう。

　このように見ていきますと、相対評価と認定評価と到達度評価のうちどれが一番良い評価方法なのか、と軽々しく判断できるものではない、ということが分かります。やはり、それぞれの評価方法の良さを十分見極めながら、時と場合に応じてそれぞれを使いこなしていく、ということになるのではないでしょうか。むしろ一つの基準で評価していくことを避け、一人ひとりの子どもをさまざまな評価基準に基づいて多面的かつ柔軟に評価する、ということを心がけるべきではないでしょうか。

〈表 5-2〉評価基準の立て方とそれが人間形成に及ぼす影響

	評価の基準	評価の観点	ポジティブな可能性	弊害の可能性
相対評価	集団内の他の人の成績	優れているか劣っているか	他の人たちとの関係において自己を客観視できるようになる	協調性を欠いた「出し抜き」型人間が形成される
到達度評価	外的客観的な到達目標群	目標到達を達成したか、否か	自己教育の態勢が身につく	到達目標の体系を絶対視し、ゆとりやふくらみの乏しい人間が形成される
認定評価	教師の頭の中にある基準	教師の目から見て満足できるか否か	［教師の教育観に沿った人間形成の実現］	教師の権威への盲従、あるいは教師不信が生じる
個人内評価	当人の以前の状態	当人に以前より進歩が見られるか否か	自分のペースで自らの進歩向上をはかる習慣が身につく	独り善がり的自己満足の習慣が形成される

4 評価基準の設定や到達度評価に関する諸問題

(1) 到達度評価の評価基準をどのように設定するか

評価基準となるものは結局その教科の基礎・基本に当たるものでなくてはならないわけですから、評価基準を設定するための実際の作業は、学習指導要領を十分に読んでみるというところから始まるでしょう。また、文部科学省から出されている評価関係の資料にもよく目を通す必要があります。それによって、例えば小学校何年の理科であれば、といった具体的なレベルで、どういう形での「学びに向かう力」が成立していなくてはならないのか、どういう形での「思考力・判断力・表現力等」が身についていなくてはならないのか、具体的にどういう「知識及び技能」が身についていかなくてはならないのか、といったことが少しずつはっきりしてくるはずです。こういう検討を通じて、小学校から中学校へ、そして高校へ、という一貫した体系（例えば理科という教科の体系）をもイメージし、その文脈を踏まえて、具体的な評価基準を設定する、ということになるのではないでしょうか。

こうした作業は現実には一人だけではなかなかできません。やはり市や地域の各教科ごとの研究グループで作業する、ということを考えたいものです。一つの学校だけで、あるいは一人の熱心な先生だけで、到達度評価の基準を作ろうとされることがありますが、これはかなり無理のある作業になるのでは、と思われます。実際、これまで何とか評価基準を作成してきたところは地域の先生方の共同作業でやってきたようです。

基礎資料が何もない状態から評価基準作りの作業を始めるのではなく、これまでの資料をたたき台として工夫していくといった手順が必要だろうと思います。国立教育政策研究所から参考資料として、小・中学校全教科について観点別の評価基準が出されています。また、各地で先進的な学校や教育研究所が発表してきた評価基準作成の試みもあります。こういった基礎資料をたたき台にすれば、かなりスムーズに作業が進むのではないでしょうか。

(2) 成績にこだわる保護者にどう対応するか

実際に保護者の立場になりますと、子どもが通知表をもらってくると、成績評定の部分だけにこだわっちゃいけないと思いながらも、どうしても気になってしまう、ということがあります。全部の教科に素晴らしい評定がそろっているなどという子は、クラスで一人か二人しかいないわけですから、大半の保護者はどうしてこんな成績になっているのだろう、この評定が意味するものは具体的に何なんだろう、などと嫌でも考えざるをえなくなります。そういうときに学校は親切であってほしいと思うのです。親切であるということは、この子の成績でいうと具体的にまずかったことの中身はどういうことなんだということを、保護者の側にもよく分かるよう説明するということです。あなたのお子さんはこのテストでこういう点数だった、レポートではこういう書き方をしていた、ところが他のお子さん達の場合はこうだった、だからこういう成績評定にならざるをえなかったのだ、といった話です。つまりその子の学習成果についての説明と、クラスの子ども達の一般的な様子について十分な説明がなくてはならないと思うのです。こうした説明を、できれば何らかの説明資料を準備して、懇談などを通じ、保護者が十分に理解できるようにしてほしいと思います。

　義務教育の段階では特に、保護者が子どもの成績に一喜一憂します。だからこそ評価してそのままというか、まるで裁判所の判決みたいに上から成績が降りてくるという感じではなくて、良い評価でも悪い評価でもそれが子どもの次のステップに対して励みになるようなものであってほしいと思います。そして子どもに対して家庭で何を配慮していったらいいのかがはっきり分かるような成績の出し方、その伝達の仕方、になるよう工夫してほしいと思うのです。

(3) 成績をめぐる保護者との懇談で注意すべきことは

　保護者としては、子どもにつけられている成績が具体的に何を意味しているのか、ということを知りたいものです。基本的には、到達度評価を中心に成績をつけていきますが、同時に他の評価基準に基づく見方を話してあげることも重要です。例えばテストで１００点満点の50点をもらった場合、到達度評価的に見れば、どの問題はできて、どの問題ができていなかった、ということにまず注目していかなければなりません。しかしこれと同時に、クラスの他の人達がどの位の点数だったのか（点数の分布と平均）、皆ができていた問題はどれで、できなかった問題はどれなのか、というような情報も大事になるのではないでしょうか。

　子どもの学力を多様な形で見ていくために、学校によっては、成績をただ単に伝えるだけでなく、その背景となる資料を多面的に整理して、保護者との懇談の際に、あるいは保護者と子どもと教師との三者懇談の際に活用していることがあります。例えばいついつのテストでは、お子さんは何ができて、何ができなかった、そしてクラスの中で最高点が何点、最低点が何点で平均点が何点だった中でお子さんの点数はこうだった、ということも出てくるでしょう。あるいは、何々の実験をやった時に一人ひとりについてこの5項目で子ども達の取り組み方をチェックしてみたら、お子さんはこの点は良かったけれどこの点が不十分であった、これを他の子ども達の場合と比べてみると……といったことも出てくるでしょう。こういうことを、たくさんの資料を準備した上で保護者と話す、あるいは子どもも加えた三者で話すことにすれば、この子はこのままでいいのか、まだまだ頑張らなくてはいけないのはどの点なのか、といったことが非常に具体的な形で、しかも多面的に分かってくるのではないでしょうか。

教師の手元には子どもの学習や成長についてたくさんの資料があるはずです。そういう資料を、機会あるごとに子ども本人にも、あるいは保護者にも、十分にフィードバックしてほしいと思います。一昔前と違って、「依《よ》らしむべし、知らしむべからず」の秘密主義では教育をやっていくことができないでしょう。

(4) 教育評価の最終的な姿は個人内評価ではないか

やはり最終的には個人内評価でしょう。その子自身に即して、その子なりの進歩の状況を見ていく、ということが、教育評価ということから考えて、やはり一番大事なことだろうと思います。一人ひとりの能力には多様な違いがあります。だから、事柄によっては同じ10の努力をしても、どんどん分かって進歩する子と、なかなか進歩しない子が出てきます。そうするとやはり、自分の場合こうした面ではどのくらい努力したらこの程度は進歩するだろう、ということが分からなくてはならないでしょう。単に相対評価・認定評価・到達度評価だけではなくて、やはりその子独自の伸び方を、その子に即した基準で見ていく、ということが必要になってくると思います。

　その意味では、指導の前にテストをして、指導後にまた同じテストをやって、この子はどのくらい伸びた、この子はあまり伸びなかった、とか見ていくことも大事でしょう。こうした吟味検討によって、一人ひとりの子どもの個性的な違いを見ていく教師の目が深まっていくのではないでしょうか。同時にそうした情報を子ども自身にも知らせていくことで、子どもの方で自己理解が進むと思うのです。みんなと同じだけやってきたとしても、みんなより非常に進む子もいれば、なかなか進まない子もいるのです。自分自身の独自の持ち味を、光と影の光の部分も影の部分も、知っておかなくてはならないでしょう。

　私自身も実をいうと、小さい頃から非常にのみ込みが悪かったのです。ですから、なぜ同じことをやっても私だけできないのだろうか、とよく思ったりしました。誰にでもみんな、その人固有の光と影があるという意味で、最終的にはその人に即した進歩度の評価、個人内評価を中心に考えていかなければならない、と考えています。

第6章 学びのトータル・タキソノミー（教育目標の分類体系）

1 学んで「賢く」なるために

学校は基本的に、「子ども達が勉強して賢くなるところ」です。このことは、どこの国、どの時代においても、学校という存在が持つ基本的な使命です。しかしながら、この大切なことが、教師など学校教育関係者の中でも十分に認識されていない場合があります。折にふれ、お互い再確認、再認識していかねばならないことではないでしょうか。

まず、子ども達が「勉強する」「学ぶ」ということについて言えば、教師など指導する側では、少なくとも次のような諸点について考えておく必要があるのではないでしょうか。

(1) 学習環境の設定

大前提として、子ども達が勉強したくなるように、知的刺激に富んだ学習環境を設定する工夫が必要となります。掲示物の工夫や学級文庫の設置など、学級やその周辺の環境設定について、そうした面からの十分な配慮が必要とされるでしょう。

(2) 教材の提示

授業においては、子ども達が勉強したくなるような教材、自分で取り組んでいったら自分なりに分かってくるような教材、が準備されていなくてはなりません。教科書や副教材をはじめ子どもが勉強したくなるようなもの、自然に学びに引き込まれ没頭していけるようになるもの、自分なりの学びの道筋を着実に歩んでいけるもの、が準備されていてほしいものです。教師手作りの学習資料やワークシートなども、そうした方向を目指して工夫してほしいものですし、またパワーポイントの活用をはじめとするＩＣＴ教材の提示の仕方も、そうした方向で考えていく必要があるでしょう。

(3) 目的意識の働きかけ

子ども達が自分自身の目標意識をきちんと持って勉強していくようになることが大切です。この勉強をやらなくてはならないと言われたから、この勉強をここでやることになっているから、といった他律的な気持ちで取り組んでいくのでは困ります。自分にとってこういう意味で大事だから、自分はこの点に興味を引かれるから、といった自我関与性の強い目標意識を持って取り組むようになるよう教師からの働きかけをいろいろと工夫したいものです。

(4) 子どもについての理解

子ども達を指導していくに際しては、子どもの内面世界の特性、認知能力の発達状況等々について、よく認識しておくことが必要となります。そして、現在の学習課題に取り組む上で前提となる既習事項の理解・習得状況等も知っておかなくてはなりません。そうした子どもについての理解を的確にして、深めていくための取り組みも常時やっていかなくてはならないでしょう。

さて、こうした形で子どもたちが勉強を進めていって賢くなっていかなくてはならないのですが、その成果をどのような視点から確認していったらいいのでしょうか。勉強した成果として一定の賢さが実現したと言っても、個々の事柄が分かったりできるようになっているという「知識」や「技能」のレベルから、多様な目配りの下に総合判断することになる「思考」「判断」「表現」等のレベル、自分なりに何かを新たに創り出すといった「創造」のレベルまで多様なものがあるはずです。勉強した成果としての賢さをきめ細かなレベル分けをして見ていくということ、その具体的視点を体系的に準備しておくことが不可欠となります。

例えば「力のモーメントについて学ぶ」という課題が、小学校理科の大事なポイントとして置かれています。そこでの大事な学習成果としては、校庭での「重いものの運び方を工夫できる」といった「体験」レベルのものもあれば、「支点・力点・作用点などの関係が説明できる」といった「理解」レベルのものもあります。また「具体的な状況で何が支点・力点・作用点になっているかを指摘することができ、それを用いて実際に重いものを動かすことができる」といった「応用」ないし「総合」のレベルのものもあるのではないでしょうか。教師の側で授業設計をする際にも、また子ども達の学習成果を評価する際にも、こうしたレベル分けをした学習目標の想定が不可欠となるはずです。

2　ブルーム等のタキソノミー

こうした形で個々の目標（「ねらい」や「願い」）の意味づけをはっきりさせるためには、ブルームが中心になって開発した「教育目標のタキソノミー（分類体系）」がよく用いられてきました。これは欧米の大学で教育学や教育心理学を学ぶ場合、現在でも必ず取り上げられる、まさに古典とも言うべき成果物です。

タキソノミーとは、植物や動物の分類の場合のように、体系的・枝分かれ的な分類のことを言います。しかし教育関係においてタキソノミーと言われる場合には、通常、教育目標となるものをそうした形で分類したもの（教育目標の分類体系）のことを指します。

１９４８（昭和23）年にボストンで開かれたアメリカ心理学会総会において、教育測定・評価の専門家が集まりを持ち、相互のコミュニケーションを促進するため、教育目標となる能力や特性の意味づけを明確化するための分類の枠組みを建設する必要がある、という点での合意ができました。これを受けてブルームをリーダーとする共同研究チームが発足し、検討を続けてきた結果、認知領域のタキソノミーが１９５６（昭和31）年に、情意的領域のタキソノミーが１９６４（昭和39）年に公表されています。残された精神運動的領域のタキソノミーに関しては、ダーベ（Dave,R.H.）による試案など数通りのものが発表されているとはいえ、統一的なものの公表には至っていません。

こうした試みは、教育学において積み重ねられてきたカリキュラム理論や教育目標に関する研究の蓄積と、心理学において積み重ねられてきた知識や能力、価値観や技能等の学習や発達に関する研究の蓄積との双方を統合し整理しようとしたもの、と言われます。その際、教育的妥当性、論理的一貫性、心理的基盤に配慮され、また具体的な目標設定については可能な限り行動目標的な表現をすることに努めた、とされています。

ブルーム等による教育目標の分類体系は、心理学において試みられる各種の特性や能力の分類と次の2点において基本的に異なっています。

まず第一に、教育目標となるものは社会的に是認されるものでなくてはなりません。したがって、この条件に反するものは除外されています。

第二に、教育によって変化する可能性を持つもののみが教育目標となるわけですから、社会的に是認されるものであっても、自然的で非教育的なものは除外されています。

〈表 6-1〉ブルーム等のタキソノミー（認知的領域）

6.00 評価	目標に照らして価値を判断する	6.10 内的基準によって判断する 6.20 外的基準によって判断する
5.00 総合	要素や部分を一つのまとまったものに組み立てる	5.10 ユニークな伝達内容を創り出す 5.20 計画や実施企画を創り出す 5.30 抽象的な関係性を導き出す
4.00 分析	構成要素や部分に分解し相互の関係を明らかにする	4.10 要素を分析する 4.20 関係性を分析する 4.30 組織原理を分析する
3.00 応用	特定の具体的状況で概念等を活用する	
2.00 理解	伝えられたことが直接的な形で分かる	2.10 変換する 2.20 解釈する 2.30 外挿する
1.00 知識	伝えられたものが想起できる	1.10 個別的なものの知識 1.11 術語の知識 1.12 特定事実の知識 1.20 特定のものを扱う手段・方法の知識 1.21 約束ごとの知識 1.22 傾向性や順序性の知識 1.23 分類とカテゴリーの知識 1.24 基準の知識 1.25 方法論の知識 1.30 一般的なものや抽象的なものの知識 1.31 原理や一般化の知識 1.32 理論や構造の知識

学びに直結する「認知的領域のタキソノミー」の枠組みは、以下のようになっています。

①認知的領域の教育目標分類体系（タキソノミー）

認知的領域の教育目標のタキソノミーの構成は、まず、知識のレベルと高次の知的能力・技能のレベルとに大別されています。知識が基本的には記憶として考えられているのに対し、知的能力・技能の方は、素材や問題を取り扱うための組織的な操作方法や一般化された技法に関係するものとされています。内容構成は〈表6－1〉に示す通りです。

②情意的領域の教育目標分類体系（タキソノミー）

情意的領域の目標分類は、一定の態度・価値観がどのような段階をおって内面化していくか、という観点から作成されたものです。学びを支え、方向づける資質・能力に関わる教育成果の体系、と言ってもいいでしょう。内容構成は〈表6－2〉の通りになっています。

〈表 6-2〉ブルーム等のタキソノミー（情意的領域）

- 1.0 受入れ（注意すること）
  - 1.1 意識
  - 1.2 意欲的な受入れ
  - 1.3 統制あるいは選択された注意
- 2.0 反応
  - 2.1 黙従的反応
  - 2.2 意欲的反応
  - 2.3 反応への満足
- 3.0 価値づけ
  - 3.1 特定の価値の受入れ
  - 3.2 特定の価値の優先
  - 3.3 特定の価値への関与
- 4.0 組織化
  - 4.1 特定の価値の概念化
  - 4.2 価値体系の組織化
- 5.0 特定の価値による個性化
  - 5.1 一般化された構え
  - 5.2 個性化の実現

3 学びのトータル・タキソノミーのために

こうしたブルーム等によるタキソノミーは、基本においては妥当なものであり、十分に尊重されるべきものではありますが、能力カテゴリーの立て方がアカデミックであり過ぎる、一般的な意味で教授・学習の実際との間に距離がある、といった批判があります。また、例えば国語の学習と数学の学習では能力カテゴリーに基本的な相違があるのでは、といった形で教科ごとのタキソノミーを考えた方がいいという意見や試みもあります。もっと根本的には、「体験」や「反芻《はんすう》（自己内対話）」や「表現」等に関わる目標カテゴリーが欠落しているのはいかがなものか、という批判もあります。

ブルーム教授が１９８０（昭和55）年に来日された折、我々はこうした点を含め、タ

〈表 6-3〉開・示・悟・入とタキソノミーの主要次元

		タキソノミーの主要次元		
	主要指導目標	認知的領域	情意的領域	精神運動的領域
開	・目を開かせる ・心を耕す		1．受け入れ 2．反応	
示	・ポイントを分からせる ・一応できるようにさせる	1．知識 2．理解	3．価値づけ	1．模倣 2．巧妙化
悟	・自分なりに納得するところまでもっていく	3．応用 4．分析 5．総合	4．組織化	3．精密化 4．分節化
入	・生活や人柄の一部となるようにさせる	6．評価	5．個性化	5．自然化

ただし、精神運動的領域についてはダーベのもの。

キソノミーの基本構造について率直に意見交換する機会を持ちました。その折に我々は、〈開・示・悟・入〉の視点から認知的領域等3領域のタキソノミーの主要カテゴリーを位置づけた〈表6-3〉を示して話し合ったのですが、ブルーム教授が非常に関心を持たれ、その後の発展があればまた知らせてほしい、と話しておられたことが印象に残っています。

我々はそうした経緯を踏まえ、〈図6-1〉と〈表6-4〉に概略を示したような「トータル・タキソノミー」を提案してきました。学びを総合的に捉え、そのさまざまな過程で念頭に置いておくべき主要な教育目標を、その相互連関を含めて明確化しようとしたものです。

わが国での基礎・基本の論議や明確化には、従来、学習成果をこうした形で能力レベル的に位置づけして見ていく、という視点が欠けがちであっただけに、今後はこうした点についての十分な検討と理解が必要とされるのではないでしょうか。

〈図 6-1〉
学びに関わる主要教育目標の全体的関連

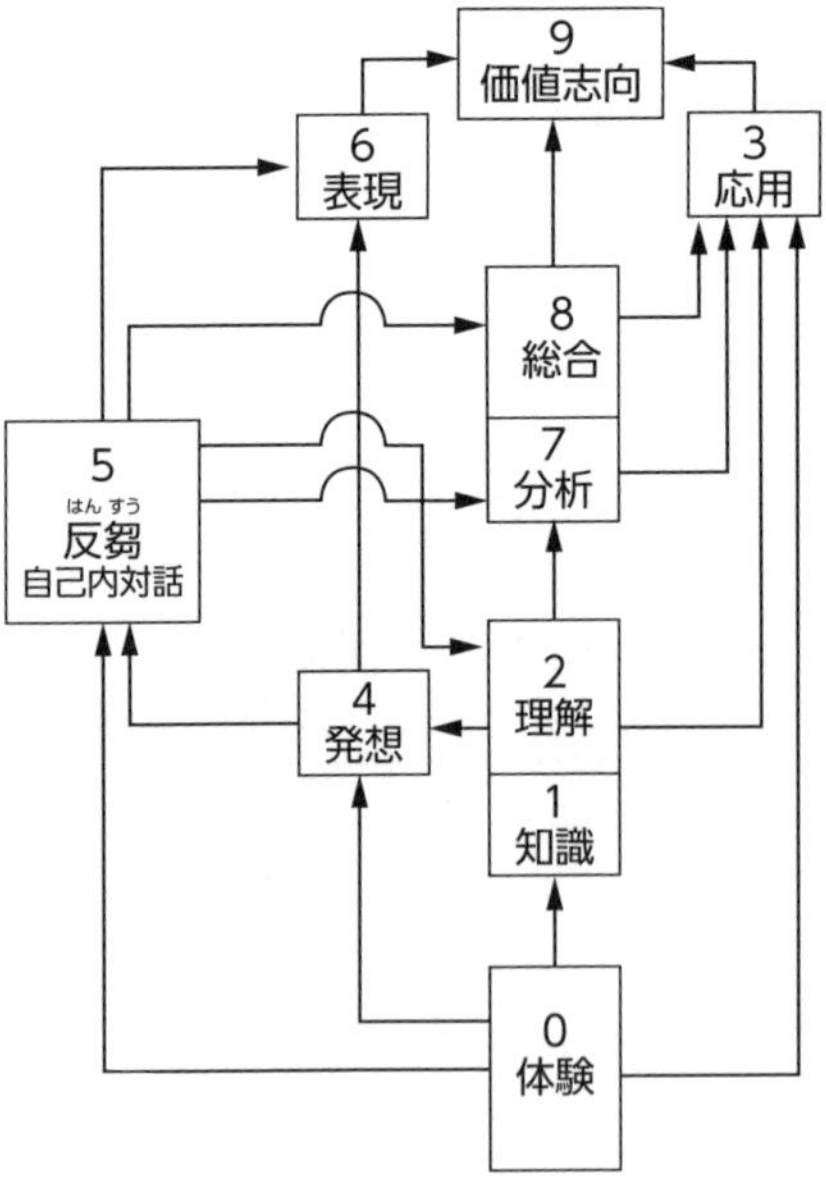

〈表 6-4〉学びに関わる主要教育目標（ERK 版トータル・タキソノミー）

	獲得すべき能力等	学習活動での留意点	教授・学習形態の例
9 価値志向	事柄の善悪・可否等 を判断・志向する	価値基準や目的の 明確化	価値志向に関わる レポート・小論文の作成
8 総合	多様な考えや事実を 一つにまとめる	まとめ上げるための 視点や構造の明確化	総合を必要とする レポート・論文の作成 （展望論文等）
7 分析	事実を小分けして 吟味検討する	構成要素や要因の 明確化	分析を必要とする レポート・論文の作成
6 表現	内面のものを伝達 可能形態にする	表現のユニークさ 表現の伝達可能性	表現のユニークさを見る エッセイ・レポート等の作成
5 反芻	内的リハーサルで 実感に組み込む	自己内対話における 視点の明確化	沈《ちん》思《し》黙考《もっこう》の時間を持つこと 振り返り内容の記述
4 発想	拡散思考で多数の アイデアを出す	アイデアの数と多様性 アイデアのユニークさ	ブレイン・ストーミング アイデア集の作成
3 応用	能力を現実の問題 解決に活用できる	問題への粘り強い 適応努力	解決すべき問題の設定と 取り組みの場の準備 （演習等）
2 理解	同一意味を自分の 言葉で表現できる	体験や他の知識理解との 関連づけ	自分なりに意味づけ説明 する課題の設定（演習等）
1 知識	概念的記憶となる 再生確認できる	文脈的意味づけ 繰り返し	重要な事実・知識の提示 練習的課題の設定
0 体験	場や事象とふれあい 相互活動する	興味関心の喚起・ 焦点化	活動の場の設定・準備 （フィールド・ワーク等）

第7章
自己評価の重要性

1 何のための自己評価か

教育は、改めて言うまでもなく、最終的には自己教育に行き着かなくてはなりません。その自己教育は、自己に対する振り返りと吟味検討、それに基づく自己への支えや働きかけが不可欠の土台となります。つまり、親や教師が外側からいろいろと働きかけ指導する中で、子どもは自分でものを見る目を養っていき、自分自身の学びとか育ちを自分なりに考えてみて、その上で自分はこのままでいいのか、どの点はまだ頑張らなければならないのかを判断し、それを基にして一層頑張って努力していく、ということになっていかなければならないのです。

このように自己評価は教育にとって非常に重要なものなのですが、安易に考えてしまっている例も少なからず見られます。例えば、テスト問題を子どもに準備させ、自分でそれをやって自分で採点させる。子ども自身に自己評価をさせよう、という主張もときに見られないわけではありません。もちろん、こうした自己評価に教師による評価が伴っているならば教育的に有意義な試みと言っていいかもしれませんが、問題なのは、教師による評価はいっさいやめて、子どもの自己評価にそれを置き換えればことが済む、という発想です。

自己評価は、外部からの評価と基本的に異なる面があることを理解しておく必要があるでしょう。自己評価の場合には、外部からの目が全く想定されていない場合も多く、独善や自己満足の落とし穴にはまり込んでしまうことがあります。親や教師の目から見ると困った状態にある子どもが、「自分はこれでいいのだ」と安易に自分自身を肯定し、高い自己評価をしてしまうことなどです。逆に、親や教師の目から見ると、「もうこれで十分だ」「良くやっている」というふうに見える子どもが、「まだまだ駄目だ、もっともっと頑張らなくちゃ」という気持ちから、低過ぎる自己評価をしていることもあります。実際に調査をしてみると、教師の側からの評価と子ども自身の自己評価との間の相関係数がマイナスになることも少なくありません。つまり教師から見て「このくらいならいいだろう」と高く評価した子どもの方が、「自分はまだまだ駄目だ」と低い自己評価をしがちである、といった調査結果が出ているのです。

こうした傾向は、現実に大人の世界にも見られるところではないでしょうか。本当に伸びていくような人であればあるほど、「自分はまだ駄目だ」と自分に満点を与えない傾向があるのに対して、周りから見て「困った人だなあ」「このままでは伸びないぞ」といった危惧を持たざるをえない人ほど、「自分はこれでいいのだ」と自己肯定をし、高い評価を自分自身に対して与えてしまうことがあるのです。したがって自己評価を生の形のまま成績づけなどの代わりにしてしまうと、独善や自己満足の拡大再生産に導かれ、教育的にまずいことになる場合が少なくありません。

もちろん、通知表とか指導要録に自己評価を入れるということ自体は、有意義な場合がないわけではありません。教師が行った評価と子ども自身が行った自己評価を比較検討して、食い違うところについては子どもとその点について話し合う機会を設けるといったやり方をしている学校も現実に見られます。指導の手掛かりなりきっかけなりとして自己評価を使っていくという例です。自己評価さえすればいいというのではなく、自己教育への姿勢と能力を育てていく、ということのために自己評価をどのように使っていくかを工夫しなくてはならないのです。

2 自己評価の働き

自己評価という活動はさまざまな面を持っています。自己評価がもたらすもの（基本的には期待であり可能性なのですが）として、次のような点を考えてみることができるでしょう。

(1) 振り返り

まず第一は、自己評価は自分自身について振り返りの機会となる、という点です。例えば「自分は今のような勉強の仕方でいいと思うのか」とか、「今日学習したことについてどの程度満足だったのか、問題としてはどういう点が残るのか」といった点について書かせてみる、あるいは、「次の五つのポイントから自分自身の現状を点検してごらんなさい」ということで、それぞれのポイントについて〈満足〉〈不満足〉〈どちらともいえない〉のいずれかにチェックさせる、といった自己評価の活動があります。書くにしても評定尺度上でチェックするにしても、こうした自己評価活動を通じて自分自身を振り返ってみる、という大事な面が含まれています。

振り返るということは、人間的であるために不可欠の働きです。人間は石とか草木のような即自的（en-soi）存在ではありません。対自的な（pour-soi）存在です。対自的というのは、自分自身に対する振り返りを持ち、自分自身を自分なりに把握・理解した上で判断し、行動し、生活していく、という非常に重要な人間的な在り方の特性なのです。

しかしこれは、ほっておけば誰でもそうなる、といった簡単なものではありません。現実には、振り返りも何もなく何も考えないまま突っ走った方が容易な場合が多いのではないでしょうか。だからこそ、どこかで立ち止まって自分自身のことを振り返って考えてみる場や機会を設け、対自的な姿勢や能力を育成していかねばならないのです。古代ギリシャの時代から自分自身への振り返りが教育的に重視され、それがキリスト教の伝統の中に入って、現在においてもヨーロッパ文化の非常に大事な精神的土台になっている、という重要な指摘もあります。自分自身を振り返る場や機会を設定することは、精神性の教育において伝統的に大きな重要性を持ってきたのです。

(2) 独善性の克服

第二に、自己評価をすることによって自分自身の独り善がりを克服していくことができる、という点も見落とすことができません。もちろんこれは、頭の中だけで自分自身を振り返ってみるだけでは必ずしも十分ではありません。先にも触れたように、外側から見て大丈夫と思える子ほど「まだまだ」と考えがちですし、外側から見ると「これで大丈夫かなあ」と心配でしょうがない子ほど、「私はこれでいいのだ」と独善的な自己評価をしてしまいがちです。だからこそ、外側からさまざまな客観的資料を子どもにフィードバックしてやり、それを十分に自分自身で吟味検討した上で、「自分はこれでいいのか、どこに問題があるのか」を考えさせる、ということが必要となってくるのではないでしょうか。これを時々やっていけば、自分自身では普段なかなか気づかないような独善性を乗り越えていくことも可能になるはずです。

例えば学校でのテストも、単に得点だけを問題とするのでなく、教師が解説や助言と共に子どもに返してやることにしたいものです。「この問題はほとんど誰もができていたのに、君の場合は」とか、「君がこの問題を解けなかったのには、こういう弱さがあるからではないか」といった形のフィードバックです。これをその子が十分に受け止めて、「自分はどうしてこういう問題ができなかったんだろうか」ということを反省してみるようになってほしいのです。いつでも何か客観的な情報を求め、それとの関係で自分の現状を考えてみる、といった姿勢が育ってくるならば、独り善がりに陥《おちい》ることも少なくなっていくのではないでしょうか。

(3) 分析的な自己理解

第三に、いくつかの観点から自己評価をする機会が設定されれば、自分自身の在り方を分析的に検討し、多面的な自己理解に導かれる、という点があります。こうした自己理解の仕方は、客観的な自己認識にもつながっていくでしょう。このためには、自分自身を全体的概括的に振り返るという方法よりも、大事な項目をいくつか設定して、それぞれの項目について自分自身の在り方はどうかと吟味検討してみる、というやり方の方がよいでしょう。古代ギリシャの教育においても、例えば貴族の青年は夕方になると自分の1日の活動を振り返り、いくつかの観点から反省してみる、ということをやっていたということです。キリスト教にこれが入ってくると、夕べの祈りの中にそういう1日の反省が入ってきて、「今日1日、思い・言葉・行い・怠《おこた》りによって罪を犯すようなことはなかったか」ということを考えてみることが習慣となっています。単なる振り返りでなく、分析的に自分の在り方を吟味検討してみるということは、非常に重要な意味を持つのではないでしょうか。

学校でも、1日の授業が終わった「終わりの会」などのときに、あらかじめ決めてあるいくつかの大事な観点について子ども達がそれぞれ反省してみる、ということをやってみるのは有意義ではないでしょうか。例えば「今日1日、本当に一生懸命やれただろうか」「今日の授業で何か新しい重要なことが自分に分かっただろうか」「今日やったことを土台に新しくこれをやってみたいというような気持ちが何か起こってきたのだろうか」といった観点を設定しておいて、子どもが各自、自分なりに自己評価してみるのです。こういうやり方をしていくならば、子どもが自分なりに自身の学校生活の在り方を分析的に捉え、具体的な形で反省してみるきっかけになるでしょう。

自分自身についてのイメージとか意識は、どうしても特定の側面だけにこだわってしまい、それだけが自分であるかのように考えてしまいがちです。一つの失敗や弱点ばかりにこだわって自己嫌悪に陥ったり、一つの成功や利点ばかりを考えて有頂天になったり、ということが起こりがちなのです。だからこそ、いくつか重要な観点を設定しておいて、自分自身を一つひとつの観点ごとに見ていくというやり方をやってみる意味があるのです。そういう形での自己吟味を行っていけば、自分にとって都合の良い面も悪い面も、自分が普段意識しやすい面もそうでない面も、総合的にバランスよく振り返ってみることが可能になるのではないでしょうか。

(4) 効力感・自信へのきっかけ

第四に、自己評価を上手に活用するならば、効力感とか達成感とか自信といった肯定的な自己感情を育てていくことができる、という点があります。そうした自信に支えられてこそ、自分自身のありのままの姿を理解し受け入れる、という自己受容もできるようになるのです。

効力感とは、自分で頑張ってやればやっただけのことはある、という意味での自信を持つことです。こうした効力感がないと、なかなか次のステップに向かって一生懸命やっていくことができません。だからこそ、こうした効力感をどの子にも学校生活の中で獲得させたいのです。

このためには、例えば授業の中で「これができたね、よかったね」と言ってやるとか、テストの答案を返しながら「なかなかこれは難しかったんだけれど、できてよかったね」という言葉を添えてやることが大事でしょう。その上で自分のやっていること、テストの結果や自分の作品等々を振り返ってみるならば、外的な評価が内的な効力を与え、「自分でもやればできるんだなあ」「こういうことを自分も本当にやれたんだなあ」という気持ちが生じてくるのではないでしょうか。そうした気持ちがまた、その子の非常に深いところでの自信を形作っていくことになるでしょう。

もちろん、効力感を持つような自己評価をさせるためには、さまざまな工夫が必要となります。少なくとも、子どもとの関わり方、言葉かけの仕方、当人に関する情報のフィードバックの仕方等々を考えなくてはならないでしょう。自己評価活動を、それだけ単独で考えるのでなく、どのような文脈の中にそれを置くのか、という工夫が必要になるのです。

(5) 自己の次のステップへの展望・決意

第五に、自己評価に基づいて次のステップへの決意とか意欲が出てくる、という期待があります。自己評価は本来、こうした形で次のステップにつながっていかなくては、どうにもならないでしょう。

自分はこれまでこういう形でこういうことをやってきた。そういう中で、うまくいった点やまずかった点、この点について頑張れば自分にとってももっといい何かが実現するのではないだろうかといったこと、こういったことを吟味検討していって、そして最後には「だから、自分はこうしたい」「だから、自分はこうしなければならない」という、次のステップへ結びついていく決意とか意欲が出てくるならば、自己評価はまさに自己教育の土台になる、あるいは柱になる、といった重要な働きを果たすことになるでしょう。言い換えるならば、本当に自己評価が教育的に本質的な意味を持つとするならば、自己評価の活動は、自分自身の振り返りから始まって次のステップへの決意・意欲というところまで高まっていかなければならないのです。

3 自己教育力の育成を目指して

自己評価という活動は、このように広範な働きを含んでいます。自分自身を振り返ってみるということ、そこで自分自身をどう認識し理解していくかということ、それをいろいろな基準によってどう判断するかということ、あるいはそれを基にして次どうやりたいかということを考えること、といったところまで含まれるのです。したがって、自己評価という活動が本当に子ども自身の自ら伸びていく力の育成につながっていくためには、ここで触れたような諸側面を複眼思考的に考え合わせていかなくてはなりません。何らかの自己評価活動をやっていさえすれば自然に自己教育力が育ってくる、というほど簡単な問題ではないのです。

教育活動のどこに、どのような形の自己評価活動を組み込んでいくか、そこで教師の側からはどういう助言なり指導なりをするか、ということを十分に考えていかねばならないのです。教師の側からの一方的な指導と評価だけでなく、子ども自身の側での学習目標・学習課題の意識を大事にし、子ども自身が自ら追求・探究していく過程を大事にし、そして自らの学習過程を自分自身で見つめ、評価し、自分の次の段階への取り組みにそれを生かしていくこと。そして振り返りを大事にしていく教育活動を実現し、自己評価について表面的な理解に陥ることなく、本質的な地点で、この重要な活動の意義を考えていきたいものです。

(1) 自己評価の評価基準となるものは

自分自身を評価するといっても、友達と比べてどうなのかという相対評価的な基準で判断する場合もあるでしょうし、具体的な何かをきちんとやれたかどうかという到達度評価的な基準で判断する場合もあるでしょう。あるいは自分の中に暗黙のうちに持っていた基準を基に絶対評価（認定評価）的に自分自身の在り方を判断する場合もあるわけです。さらには、自分の１年前、あるいは１カ月前に比べてどうかという個人内評価的な判断の仕方もあるでしょう。

もちろん、これら４種の自己評価は、教育的に言えば意味が大きく異なっています。ただ単に他の子に比べてどうなのかという相対評価的自己評価（優越・劣等意識）は、指導の中で克服していくべき在り方でしょうし、また自分の中の主観的基準だけから自分を見ていくといった認定評価的自己評価ばかりでも困ります。何らかの外的基準との関係で自分を見ていくといった到達度評価的な自己評価の習慣と能力を育成しつつ、それを土台に自分なりの進歩・成長があったかどうかにこだわる個人内評価的な自己評価になっていってほしいものです。そうでないと、自己教育力を支えるものとしての自己評価になり得ないのではないでしょうか。

(2) 分析的に自分自身を見るということ

トータルに自分を見ているだけですと、何かあったときに、それをきっかけとしてガラッと自分についての見方が変わってしまう、ということになりがちです。例えば、今まで全ての面で自分に自信を持っていた子が、一つ何かで失敗しますと、今度は全てにおいて自信を持てなくなる、ということになりがちです。ですからやはり自己評価に関わる指導として、自分自身をいろいろな側面から見てみるという訓練をさせる、ということが重要になると思うのです。「自分は勉強の点ではいいけれど、友達づき合いはもう少しだ」とか、「勉強といっても算数はいいけれど国語はもうちょっとだ」とか、「国語の中でも小説とか詩といった文学的なものは得意だけれど、手紙とか報告文を書くといった実務的な面はどうも」とか、自分自身を小分けして考えていけるようになると、一つのことに失敗してもトータルに「自分はもう駄目だ、絶望的だ」などと落ち込んでしまわなくなるでしょう。そういう意味で、自分自身を分析的に見ていく、自分自身についていろいろな観点から見ていく、もっと言いますと自分自身をいろいろな面にわたって光と影の双方から見ていく、ということが大事になってくると思います。

もちろん、こうした分析的な自己理解は、最終的には自分自身のあるがままの姿の自己受容、それに基づく自信、になっていってほしいと思います。自分の光の面も影の面も見ていくということを通じて、「自分にはこういう光の面があるから、これこれの影の面はまあ仕方ないや」と言えるようになってほしいのです。もちろん、これが言えるためには、自分の得意なところ、自分の長所、自分がプライドを持てるところ、を自分でよほど強く意識するようにならなくてはならないでしょう。

(3) 自己評価には性格的な土台がある

保護者の方でもこの点で非常に困っておられる人が多いように思います。例えば二人の子どもがいるとすると、お姉ちゃんの方は何にでも自信を持って、全てのことを肯定的に見て積極的にやっていけるのに、弟の方は、何か全てを否定的に見て、自信がなくて、何をやっても光と影の影の方ばかり見ていく。どうしてこうなんだろう、という類いの悩みを持っておられる保護者がおられます。同様に、学校で教師が指導していくときにも、同じようなことがあります。性格的な背景というものは、確かに自己評価の土台として重要な面があります。

しかし、こうした個人差はあるものの、最終的には「これが結局私なんだな」と自分のあるがままの姿を光も影も含めて自己受容できる、自己肯定できるように、どの子も育てていかなくてはいけないわけです。そのためにどうするかということで、受容体験ということがよく言われます。周りから認められた、周りから受け入れられている、周りから基本的にこれで良しと思われている、という体験を累積していくことが重要です。特に自分にとって大事な意味を持つ保護者や教師や親しい友達から、基本的に受け入れられている、という体験を積み重ねていくことによって、少々失敗してもくじけないような自己受容、自己肯定が育ってくるのです。

「具体的にこの点ではまずいけれども、だからといって自分が人間として駄目なわけではない」とか、「この点は他の人に比べて駄目だ、能力がない。この点は確かに自分の弱点だけれども、しかし人間としてその部分にはそれほど大きくこだわらなくてもいいのではないか」という基本的な自信を持っていってほしいものです。確かに性格的な土台ということから、これが容易にできる人とできない人とがいますが、最終的には誰もがそういう自信を持つようにならねばならないと思うのです。

(4) 何に根ざした自信なのか

　自信を支える根っこのようなものは、人それぞれで違うわけです。みんなが認めてくれるから自信がある、これこれができるから自信がある、自分はこういう素晴らしいものを持っているから自信がある等々、人によって根っこはいろいろです。けれども、その中で非常に重要な根っこ、特に教育的に見てこれから重視していかなくてはいけない根っこというのは、先にも触れた効力感ではないかと思うのです。もちろん効力感だけが自信の根っこではないのですが、非常に重要な意味を持つ根っこだろうと思うのです。ですから、テストでも、「これができたね」ということで、できた部分（できない部分もあるわけですけれど）をまず確認させて、それから「しかしこういうことはまだまだだから、もうちょっと考えてみようね」という返し方をしていく、といった工夫もあるわけです。「どうしてあなたは１００点じゃなかったの！」という悪い方のフィードバックばかりがあると、やはり効力感は持てないのです。

　子ども達との日常的なつき合いの中でも、誰かが良いことをやったらすかさず見つけてやって、ポンと肩をたたいて、「君はこれをやっていたね、いいことだね」とまず認めてあげるといった言動が必要になるでしょう。そうすれば、子どもの方でも「自分も頑張ればちゃんと認めてもらえるんだ！」という実感を持つようになるのではないでしょうか。そしてそういう効力感が、その子どもの自信を支える非常に重要な根っこになっていくのだろうと思うのです。

(5) 自己評価にも教師の側からの指導が必要

たとえ自己評価であっても、そこには教師の指導が必要となる、という認識は非常に重要です。また、やたらと自己評価票を子どもに与え、いろいろな点について自分はこれで良かったとか悪かったとか印をつけさせるというやり方も一部に見られますが、これなどは本当に教育的な効果を生むかどうか疑問です。自己評価の場を設定することは非常に重要ですが、場を設定するだけではなかなか子どもの自己認識の深まりだとか、自己教育力の育成につながっていかないのです。そこで教師の「出番」ということが考えられることになるわけです。

自己評価をするときに、「こういうことを考えに入れて自己評価してごらん」といった形で、自分自身を見つめ直してみる視点を教師から助言した方がいい場合もあるでしょう。自己評価をした結果についても、「これは先生の見方とこういう点で食い違っているよ」と、教師の見方を子どもに知らせた方がいい場合もあるのではないでしょうか。こうした教師の側からの働きかけによって新しく自分を見つめ直すきっかけができることがあるはずです。さらには、「そう、今あなたは自分自身をこう見ているのね、じゃあそれを土台にしてあなたは次どうしようと思っているの」といった形で、自己評価を次のステップに上手につなげていけるような言葉がけも大事になることがあるでしょう。もちろん、自分からこうした視点が出てくれば一番いいわけですが、見ているだけではなかなか出てこないような場合には、教師の側から言葉をかけていくことがどうしても必要になるのではないでしょうか。

特に重要なのは、自分をネガティブにばかり見ている子ども、「この点でも駄目、あの点でも駄目」と自分を見ている子どもを、支えていくことです。「確かに、こういうふうに自分を厳しく見ていることは悪くないけれども、しかし大事なこういう点ではもっとこういう良いことがあるじゃないの。先生の目から見たら、これはあなたが自信を持っていいところだと思うよ」といったことを言ってあげることが必要な場合があるのではないでしょうか。やはり教師の「出番」を重視していかなくては、自己評価は教育的なものにならないと思います。

(6) 家庭でも自分自身を見つめ直す習慣づけを

家庭でも自己評価の習慣をつけていくということは大事です。具体的な方法としては、例えば簡単な日記を毎日つける、ということなどもいいのではないでしょうか。もちろん日記ですから、その日にあった事柄もいろいろ書くでしょうけれど、一言でいいから、「こういうことは自分で良かったと思う」とか、「こういうことについてはちょっとまずかったかなあ」とか、その日の反省を書く習慣がついていくならば、家庭でも子どもに自分自身を見つめ直す場を準備することになるのではないかと思います。

もちろんそれに加えて、もし時間があれば、親として子どもと四《よ》方《も》山話《やまばなし》をする中で、子どもが自分自身をどう捉えているか、ということにこだわってみることが大事ではないかと思うのです。自分自身について非常に甘い捉えをしていないか、逆に自分自身を駄目だ駄目だと辛すぎる捉えをしていないか、つまり一面に偏った捉えをしていないかということをいつも念頭に置いて子どもに接していきたいと思います。そして、甘い捉えしかしていないなら、「もう少し自分に厳しい気持ちを持って、こういうことも考えてみたら」という助言をするとか、逆にいつでも自分を駄目だと思ってるようなら、「あなたがそういうふうに自分について厳しく考えているのはとってもいいことだと思うけどね、しかしこういう自分のいいところも見えてこなきゃ」といった支えをしてやることが必要なように思います。こういう日常的な親子の会話の中でも子どもの自己評価を鍛えていくことができるのではないかと思うのですが、いかがでしょうか。

第8章 学力テスト・学力調査の考察

1 古くて新しい学力テスト

学力テストは今、教育に関係したさまざまな場面にあふれています。学校では各教科で頻繁《ひんぱん》にテストがありますし、特に中学や高校になると定期的に中間テスト、期末テストを受けることになります。また高校や大学への入学試験においても、学力テストは入学者選抜の中心的な方法となっています。このため受験予備校なども、模擬試験や実力テスト等の形で学校外の大規模な公開テストを実施しています。さらには就職する際、入社試験に適性検査等と共に学力テストを用いる会社もあります。そして、文部科学省も教育委員会も各種の学力テストを用いた学力調査を定期的に実施しています。まさに学力テストは、現代社会にあふれていると言っていいでしょう。

こうした学力テストはどのような考え方で作られているのでしょうか。そしてそこにはどのような問題点が存在するのでしょうか。

学力テスト自体は、わが国においては7世紀の飛鳥時代から連綿として行われてきたものです。飛鳥時代の学校では、8日間勉強して9日目にテスト（旬試）があり、10日目がお休み、というスケジュールで教育活動を行っていました。この旬試には、2種類の試験が定められていました。一つは、テキストとされていた中国の古典の中から出題され、1行中の3字が隠されていて、これを正しく読む、というものでした。これは今で言うブランク法によるテストです。もう一つは、その8日間に勉強した範囲で3題が出題され、「何々について述べよ」といった問題に解答する、というものでした。これは今で言う論述式によるテストです。

このように学力テスト自体は昔からあったものです。こうしたテストが社会の中で一般的なものとなり、しかも大きな位置を占めるようになったのは20世紀に入ってから、それもアメリカを中心としてでした。だから、現代の学力テストの発想はきわめてアメリカ的なプラグマティズムの発想に基づくもの、と指摘する人も少なくありません。つまり、できるだけ簡単な道具を使い、しかも誰からも異論が出ないよう一義的に定まるような点数のつけ方をして、一人ひとりの位置づけをきちんと数値の形で明確にする、という方法です。そして、そうしたやり方での能力把握が原理的に可能であるというだけでなく、これが科学的に極めて望ましいものである、という発想です。良く言えば実際的、悪く言えば便宜的で皮相かつ浅薄な人間観に基づくもの、と言われることもあります。

2 学力テストの持つ基本的な発想

現在普通に行われている学力テストの発想は、アメリカで１９２０年代から１９３０年代、ソーンダイク等を中心に盛んになったものです。これはノーム・リファレンスド・テスト（ＮＲＴ／集団標準に準拠したテスト）と呼ばれる考え方であって、学校で行われるテストにも、あるいは入学試験等にも、この基本的な考え方がそのまま引き継がれています。こうしたタイプの学力テストを作成・実施する際の基本原則としては、次のような五つの大事なポイントがあるとされてきました。

(1) 特定の試験範囲から無作為に出題

第一は、テスト項目の選び方についての原則です。ある範囲の能力分野を想定し、そこから無作為にいくつかの個別能力を取り出し、それをテスト項目として設定しよう、という考え方をするものです。項目母集団（アイテム・ユニバース）からの無作為抽出による項目設定、と呼ばれることもあります。テストの出題範囲となるところを定め、そこから万遍なく選んで試験問題を作るようにする、ということになります。学校の定期試験等で「今度の試験の範囲は教科書の何ページから何ページまで」という言い方がされることがありますが、これこそこうした基本発想の典型的な表現です。

また、こうした発想とは違って、ある分野の中で特に重要な事柄を評価目標（到達基準）としてあらかじめ明らかにし（したがって特定の試験範囲から万遍なく出題されるわけでない）、その点を把握するための試験問題を作る、というクライテリオン・リファレンスド・テスト（CRT／到達基準に準拠したテスト）の試みも見られます。

(2) 客観テスト方式の項目作成

第二は、テスト項目の形式について、客観テスト方式のテスト項目のみを用いようという原則です。つまり、論述式など採点者の考え方等によって点数に影響が出てくるような方法を避け、正誤法とか多肢選択法、ブランク法、組み合わせ法などのように誰が採点しても同じ点数が出るような客観テスト方式の項目のみでやろう、ということです。

また、こうした客観テスト方式の限界が指摘され、採点に主観性が入ってもいいから論述式の問題を入れよう、といった試みも増えてきつつあります。特に、大事な事柄＝到達目標が本当に実現しているかどうかを見ようというCRT的なテストの場合には、客観テスト方式の項目だけでテストするのでなく、その到達目標に関係する多様なタイプのテスト項目を工夫しなくてはならなくなります。

(3) 項目反応特性の重視

第三は、各項目の反応特性についての原則です。反応特性というのは、正誤法の場合であれば正答が何パーセントで誤答が何パーセントか、多肢選択法の場合なら各選択肢ごとの反応確率はどのような分布になるかということであり、これをきちんと考えて全体のテストを構成しようというわけです。例えば、それぞれの問題ごとに正答と誤答とがあるなら、正答者が5割、誤答者が5割という割合になるような想定で問題作りをし、そうした問題を集めてテストを構成するのが良い、と言われてきました。そういうテストの作り方をすると、各テスト問題についての得点を集計したときの得点分布がきれいな正規分布の形になる、ということが分かっているからです。

ただし、ＣＲＴ的なテストの場合には、各項目の反応特性は考える必要はありません。全員が正答でも良いし、全員が誤答であるような問題でも、到達目標として重要であるなら試験問題として入れておかなくてはならないのです。

(4) 項目が相互に一次元的な関係

第四は、項目相互の間の関係についての原則です。各項目が相互に無相関で無関係であったら困るのであり、例えばあるテストが10題で構成されているとすれば、その10題が全体として一次元性をなすことが望ましいのです。つまりこの問題で1点、別の問題で1点と、各問題で点を取っていったとして、そのテスト全体としての得点を出すためには、それぞれの点数を足し算できるという関係が問題相互の間になくてはならないのです。問題相互の間の関係が逆相関であったりすれば、それぞれの問題での得点を加算するわけにいかないのです。

ただしこの点についても、ＣＲＴ的なテストの場合には考える必要はありません。そもそも

ＣＲＴ的なテストの場合には、各項目の得点を加算して全体的な得点を出す、ということを考える必要がない、という点が重要なのです。例えば、各項目ごとに、〈できた〉＝（１）・〈できない〉＝（０）で表し、その（１・０）のパターンでテスト結果を示す、などの方法を用いることもあります。

(5) 正規分布の形での得点分布

そして第五は、テストの得点分布についての原則です。例えば10題で一つの学力テストが構成されている場合、その１題１題の点数を足し合わせていってその学力テストの得点になる、ということであるならば、これが０点から１００点まできれいに分布し、平均点が50点あたりになる、といった正規分布（正常分配曲線、ノーマル・カーブ）の形になってほしい、という考え方です。こうした形での得点分布が個人差の弁別には一番都合がいいのです。テストが難し過ぎたり易し過ぎたりして、得点がそのままではきれいな形で正規分布しない場合には、素点を偏差値などの形に変換することがあるのもこのためです。

当然のことながら、ＣＲＴ的なテストの場合には、正規分布的な得点分布を想定する必要は一切ありません。

3 学力テストの効用とその限界

こうした五つの条件を満たすような形で、通常のタイプの学力テストは構成されているわけです。こういうやり方でやっていくと、例えば１００点満点の何点という形で、非常にきれいな形で一人ひとりの学力が一つの物差しの上に整理されることになります。「あの子は80点か、それじゃこの60点取ったこの子よりも、この領域については学力があるんだ」ということになるのです。あるいは、30点の子、40点の子、50点の子等々と順番に並べていくと、80点取ったこの子が一番で、その次には70点の子が、といった形で学力の高い方から低い方へ、あるいは低い方から高い方へ、と並べてみることもできるわけです。つまり一次元的な物差しで学力を測定し、それによって子ども達をきちんと順序づける、ということが可能になるわけです。

これは、入学試験のときなどには大きな威力を発揮します。入学試験というのは上から何人までが合格、ということが決まっているわけですから、上から順に一番目はこの人で二番目はこの人、三番目はこの人、という順番がはっきり分からないと困るのです。しかしながら、こういうＮＲＴ的な学力テストでずっとやっていくと、学力は元来こういう一次元的なものなんだ、例えば１００点満点の何点という形でしか測れないんだ、という思いこみを教師も子どもも持つようになる恐れがあります。しかし、そうなると非常に困ったことが生じてきます。例えば国語の学力を考えてみた場合、あの子は漢字の力はあるけれど作文は必ずしも上手でない、この子は難しい文章を読み解く力はあるけれど作文となるとうまく書けない、ということがあります。国語の学力と一口に言っても、子ども一人ひとり長所や短所が違っているのですが、一次元で学力を見てしまう思いこみを持つと、その子の学力の内容的な特質が見えなくなってしまうのです。

学力の在り方はきわめて個性的ですが、今のＮＲＴ的な学力テストの場合のように常に一次元的に見ていくということでいきますと、一人ひとりの個性的な姿は見過ごされてしまい、「できる子」「できない子」といった形で序列化されるだけになります。しかもテストそのものが客観テスト方式でやられるわけですから、その子なりのものの感じ方や考え方などはどこかに置き去られてしまい、「一般的にこういうことが正しいとされている」ということばかりが強調されてしまうことにもなるのです。

ＮＲＴ的な従来の学力テストは確かに非常に便利な道具ではありますが、これをあまり使いすぎると個性的な学びができなくなってしまう恐れがあります。少なくとも個性的な力がどこまで伸びたのか、ということが問題にされないままになってしまいます。ＮＲＴ的な学力テストは、教育そのものを、あるいは子どもの育ちそのものを、一つの大きな枠組みの方へぎゅうぎゅう押し込んでしまう動きをしてしまう、という恐れがあるのです。つまり、ＮＲＴ的な学力テストを多用することによって、結局は子どもに画一的な発想、画一的な力をつけていってしまうのでは、という怖さがあるのです。

そこで出てきたのが、従来多用されてきた学力テストの発想をどう乗り越えるか、という問題意識です。これには大きく二つの方向での動きがあると言ってよいでしょう。

一つは、今までの学力テストが集団標準に準拠したテスト（ＮＲＴ）であったとするなら、これとは原理的に異なる到達基準に準拠したテスト（ＣＲＴ）に置き換えていこう、という動きです。通常の学力テストが備えるべき五つの条件について先に述べましたが、そこで触れたような形で、発想を抜本的に変えたテストにしていこう、ということです。到達基準に準拠したテストの場合には、従来の学力テストに比べると、評価目標・到達基準をあらかじめ明確化し、それに沿ったテスト項目の作成をする、という点で原理的に異なっています。具体的な点については、先に五つの条件それぞれのところで触れてあるので繰り返しませんが，通常の学力テストを作成する際の原則はすべて変更されることになります。

学力として現実に身についているものは何か、を判断するような場合とか、最低基準としての学習指導要領が児童・生徒の現実の学力としてどのように実現しているのかを見ようとする場合には、ＣＲＴでなくてはなりません。目標や到達基準に達しているのかどうかは人数枠と無関係に受験者個々人について判断されるのであり、他の人と比べての相対的あるいは優劣的な判断は全く必要ないからです。

もう一つ、従来の学力テストの限界を乗り越えるために、テストの在り方を思いきって先祖返りさせよう、という発想があります。つまり、客観テストが出てくる前の状態に返ろうということです。これは結局、論述式とか論文体を大事にしたテスト、実技とか実演・演技などによるテスト（パフォーマンス・テスト）をしようという考え方となります。採点者によって得点に大きな違いが出てくるという難点は、観点とか基準を明確にしていくことによって克服していこう、ということになります。いずれにせよ、20項目とか30項目で構成されたテストではなくて、大事な事柄を選んで論述式で説明させる、あるいは実際に何かをやらせてみる、といったやり方の方が、ずっと深く、ずっと的確に学力を見てとれるのではないか、という方向での発想です。

ここでいろいろ見てきたように、結局学力テストは、非常にプラグマティックで便利なものです。しかし、その限界をよくわきまえていないと、便宜的で浅薄な結論に導かれやすいものになりがちであるとも言えるでしょう。実際に学力テストを利用する方々は、こうした効用と限界について十分に理解していただきたいものです。

4　学力調査や統一学力テストの目的と活用

小学校6年生と中学校3年生の全員に算数・数学と国語についての全国学力・学習状況調査が、２００７（平成19）年の春から毎年実施されています。２０１２（平成24）年から3年に１回ずつ理科が、２０１９（平成31）年から中学校で英語が実施されるようになりました。また、学力低下の論議との関連で、国際教育到達度評価学会（ＩＥＡ）が繰り返し実施してきた国際数学・理科教育動向調査（ＴＩＭＳＳ）や、経済協力開発機構（ＯＥＣＤ）が２０００（平成12）年から3年ごとに実施している学習到達度調査（ＰＩＳＡ）の結果も、マスコミ報道でしばしば大きく取り上げられています。さらに最近では、国レベルや国際レベルでの学力調査だけでなく、都道府県や市町村の実施する学力調査が広範な関心を集め、学校ごとの各教科の平均点までが情報公開されている地域も少なくありません。１９９０年代初頭に当時の文部省が、標準学力テストや模擬試験を「業者テスト」という蔑称《べっしょう》をもって禁止した姿勢に象徴されるように、学力調査や学力テストを反教育的なものと断じ、諸悪の根源のように言い募る向きのあった一時期の教育界の空気とは大きな違いがあります。こうした学力調査なり統一学力テストには、潜在的なものも含め幾つかの目的があります。当然のことですが、主要な目的は広義における教育の管理・運営のために役立てるということですが、これを具体的に見れば、次のような点が考えられるでしょう。

（1－1）国としては、各教科・科目の習得・達成状況を見ることによって、学習指導要領のどの部分が良く達成されており、どの部分は未だ不十分であるか、を見てとって、次の年度において補充的な指導指針をどう出すかを考えたり、次の学習指導要領に向けての改訂作業において具体的な検討材料を得たりすることができる。

（1－2）国としては、諸外国と比較した場合の日本の子どもの学力実態を検討することによって、教育条件の整備等、教育施策の基本的な方針や計画を立てることができる。

（1－3）国としては、地域的な学力実態の特性や分布状況を見ることによって、必要な地域に対して具体的な教育条件整備等の支援・助成を考えることができる。

（2－1）都道府県や市町村では、各教科・科目の習得・達成状況の地域的な分布を見ることによって、特に問題となる地域や学校はないか等を見てとり、各地域・各学校に関する具体的な教育条件の整備や教員研修・現場指導の在り方を考えることができる。

（2－2）都道府県や市町村では、全国的な平均得点（及び分散）あるいは主要目標達成状況と比較した場合、管下の学校が一般にどのような水準・特性を持つかを見てとることによって、具体的な教育条件の整備等、その都道府県や市町村としての教育施策の基本的な方針や計画を立てることができる。

（3－1）個別の学校では、一般的な学力水準なり主要目標達成状況との比較の中で自分の学校の学力水準を見てとることによって、補習を含めた教育課程編成の全般的在り方の見直しや研修・研究活動の基本的在り方等について考えてみることができる。

（3－2）個別の学校では、一人ひとりの教員が自分の担当している教科・科目の習得・達成状況を一般的な水準との比較で認識することによって、自分自身の指導の力量をどう向上させていくかを考え、今後における研究・研修に役立てることができる。

もちろん、以上のような諸目的に加え、子ども一人ひとりの学習に直接的に役立つ形でこうした学力調査や統一学力テストの結果を活用することも可能です。このためには、基本的に標本抽出による調査やテストではなく、悉皆《しっかい》調査の形を取ることが必要となります。学習者に対する結果活用の仕方には、例えば次のようなものがあるでしょう。

（4－1）自分自身の学力の水準が一般的な標準（全国的な、また自分の学校の平均点や主要目標達成状況）と比較してどの程度のものであるかを見てとって、今までの学習努力が十分なものであったかどうかを考え、今後の学習生活や学習方法の在り方を工夫する。

（4－2）自分自身の解けた問題・解けなかった問題を精査し、解けなかったり正解でなかったりした部分について改めて学習をし直し、自分自身の学力が欠陥のないものとなるようにしていく。

学力調査や統一学力テストは、このように、実証的な基盤にたって教育の在り方を改善・向上させていくために不可欠な役割を果たすことが可能です。言い換えるなら、責任ある形で着実に教育を推進していくためには、こうした実証的な形での〈教育成果の検証とフィードバック〉が、本来どうしても必要とされることを忘れてはなりません。

5　学力調査や統一学力テストの持つ危険性とその防止策

学力調査や統一学力テストは多くの教育的なメリットを持ち得るものであるとしても、その受け止め方や活用の仕方を間違えると、とんでもないことになります。学力調査や統一学力テストに関わる危険性もまた十分に認識しておかねばならないでしょう。

何よりもまず認識しておかなくてはならないのは、学力調査や学力テストの結果をそのまま

「学力」そのものと見てしまう危険性です。特に従来から大半を占めているＮＲＴ的な学力調査や学力テストの場合には、出題形式が正誤法・多肢選択肢法・組み合せ法・短答記入法といった客観テスト方式のみになっています。こうした方法で測定できるのは、ブルームを中心に研究され、まとめられ『教育目標のタキソノミー（目標分類体系）』にも明らかなように、知識・理解のうちの単純で表面的なもののみに限定されています。知的な問題の追究と解決の力とか分析・総合といった思考力、さまざまな関連事項を比較考慮しての判断力、等々といった高次の認知的能力の測定は原理的に無理と言ってよいのです。さらには、実際にやらせてみなくては分からない技能的能力や、関心の持ち方から始まって価値観の在り方にまで及ぶ広範な情意的教育成果は、客観テスト方式の出題ではどうにもならないのです。にもかかわらず、学力調査や学力テストの結果からのみ教育成果なり学力なりを判断してしまうことになるならば、そうした認識なり判断は、瑣末《さまつ》な点ばかりにこだわって本当に大事な部分を等閑視《とうかんし》する非常に上滑りのものにならざるをえないでしょう。

こうした危険性を避けるためには、一つは学力調査や学力テストの問題に、先にも述べたように小論文的なものを入れたり、英語等ではリスニングやライティングのテストを入れたり、実技や演技などのパフォーマンス・テストを入れたりするなど、出題形式の範囲を拡大する努力をすることでしょう。もう一つ、これと同時に、学力調査や学力テストの結果は教育成果のうちのある限定された部分のみを表示しているのだ、という基本認識を関係者の全てが共有し、それを大前提として結果についての議論をするよう努力することでしょう。この二つの点での努力が十分でない限り、学力調査や学力テストの結果が独り歩きして、教育の在り方をさまざまな点で歪めてしまうことにもなりかねません。

さらに加えて、学力調査や統一学力テストが過度な競争意識を生む可能性を持つ、という危険性についても十分な認識が不可欠です。そして、そうした過度な競争意識を防ぐ方策を十分に考えておかなくてはならないでしょう。

一人ひとりが自分自身の人生を考え、社会的な機会を選択し、そうした機会に向かって挑戦していくという社会制度の下では、ある種の競争はなくてはならないものかもしれません。しかし、だからといって過度な競争意識が育つと、大きな弊害を生むこともまた事実です。過度な競争意識は協調・協力や調和の意識の育成を妨げ、自己中心的な「出し抜き型」の性格を育て、優越感や劣等感を煽《あお》り、競争に勝つこととその結果としての社会的成功だけが人生の目標になる、といった薄っぺらな人間を育てることになりかねません。これを避けるためには、まず保護者や教師が、そして子ども達自身が、調査の結果やテストの得点を心理的余裕を持って受け止めるということが不可欠でしょう。自分自身や自分の学校に対して与えられた点数や順位等に一喜一憂するようでは、過度な競争意識からの脱却は不可能です。

こうした心理的余裕を持つためには、子どもが将来〈我々の世界〉=世の中で成功する、ということばかりを教育に期待する、といった姿勢と基本認識を根本的に改めなくてはなりません。教育は本来、一人ひとりに独自固有な〈我の世界〉=自分自身の独自固有な人生に関わる願いや志を育て、そうした土台の上に〈我々の世界〉における個性的な立場・役割の果たし方とそれに必要な資質・力量を形成していくものです。明治以来の「身を立て・名をあげ」といった立身出世志向型の「自己中心的」で「悪しき個人主義」に彩られた教育観、「社会で必要な人材の育成」という「社会のための教育」しか考えない教育観を、根本から改める努力をしなくてはならないのです。子ども一人ひとりの幸福で充実した人生を実現するための教育であり、それを土台とした堅実で活力ある人間味溢れる社会の建設に向けての教育なのです。社会的な競争が個人にとっても社会にとっても意義あるものとなるためには、こうした基本方向に向けての意識改革を、日本の社会の全体をあげて進めていかなければならないでしょう。

学力調査や統一学力テストの教育的な意義を十分に認識しつつ、関連する危険性を避けるよう留意し、具体的な実施方法を考えていきたいものです。

6　学力テスト・学力調査に関する具体的な諸問題

(1)　入学試験と定期試験との基本的な違いは何か

学力テストと言っても、入学試験の場合と定期試験（中間テスト・期末テスト）の場合とでは、基本的な性格が違ってこざるをえません。入学試験の場合には学力等で表される入学者としての適格性によって上位から順に序列を決めていかなければならないわけですから、この目的のために学力テストをどう使うかということになります。定期試験の場合には、それまでの1カ月半とか2カ月の間にどれだけ分かって、できるようになったのか、ということを確かめるという意味での学力テストとなります。それぞれの目的に応じて、学力テストといってもその性格は大きく異なって当然でしょう。テスト形式としても到達基準に準拠したテスト（ＣＲＴ）は、序列を決めるという入学試験の場合にはなかなか使いにくい面があります。しかし定期試験のためには、この到達基準に準拠したテストでやるべきでしょう。ここまでの範囲でこのことを分かってほしかった、できるようになってほしかった、このことに気づいてほしかった、という「願い」（到達目標）が元々あったはずですが、本来はそういう到達目標が一人ひとりの中でどう実現しているかということを見てとるためのテストでなくてはいけないのです。そういう意味で、定期試験の場合には旧来の集団標準に準拠したテスト（ＮＲＴ）ではなくて、本当は大事なポイントがそれぞれの形で測定される到達基準に準拠したテスト（ＣＲＴ）の発想でやっていかねばならないのでしょう。

(2) 子どもを観察することもテストと考えてよいか

テストと言ってもペーパーテストだけではありません。例えば観察によっても、標準的な手続きさえ定めるならばテストは可能です。ただ子どもが実験に取り組んでいる、あるいは探究活動をしている、といった過程を記録していくとして、これをテストというふうに言うためには、少なくとも到達基準（クライテリオン）として、「願い」とか「ねらい」の具体的表現としての目標群を明確にしておかなければなりません。つまり、子どもの様子について気づいたことをいろいろ書き留めているだけではテストにならないのです。例えばこの公園でこういう探究活動をしているとするならば、そういう中でこういうことに着目してほしい、こういうことにこだわってほしい、こういうことを確かめたり検討したりしてほしい、といった願いがあり、それを実際にどういう形で現しているか書き留めていくならば、到達基準に準拠したテスト（CRT）の論理にのっとった子どもの観察、ということになるでしょう。そうでなく、気がついたことをあれこれ書き留めているだけなら、テスト的な確かめ方とは無縁、ということになるのです。

(3)　学力テストに関する問題は入学試験に帰着するか

入学試験の在り方、将来におけるその改革のことを考えなくては、学校で行われている各種の学力テストも改善されないのではないか、と思われてなりません。入学試験の場合には、誰が見ても文句が出ない、という点が一番の眼目になってしまいがちです。みんなが高校に行きたい、非常に多くの人が大学に行きたい、と考えているのです。不幸にして不合格となった子ども、あるいはその保護者が、その不合格になったと言う事実を「なるほどなあ」と納得できるような、そういう意味での公平さ・公正さが強く要求されることになります。そういう点で誰にも一番分かり易いのは、ペーパーテストをやって点数を出し、何点までは合格だけれども何点から下は不合格という形で示すことです。これなら多くの人に納得してもらえるでしょう。不合格になった子ども自身にもその保護者にも、それなりに受け入れてもらえるでしょう。そういうことで今のようなやり方での入学試験があるわけです。

ただし、これでやっていくと教育ということから言って重大な問題が出てきかねません。例えば、子どもを単純に一次元的に序列化して見てしまいがちになります。これは極めて危険な傾向と言わねばなりません。一人ひとりの個性があるのです。例えば中学校で学ぶ範囲での数学という限定の中で、学力の順位を問題にすることは可能かもしれませんが、この順番は国語の学力の場合には大きく変わってくるはずです。理科の学力の場合もまた、がらっと変わってくるでしょう。そうしたことを考えることなく、学力だからといってさまざまなものを一緒にして、ガラガラポンで、「文句が出ないように」ということだけを頭において疑似的に一次元化して表現しているのが、今の入学試験のやり方ではないでしょうか。しかし、これからはもう少し筋の通った形のものになるよういろいろと工夫すべきだろうと思います。例えば大学の入学試験に関しても、理工系の場合なら入学後何を学ぶかということとの関係で入試科目を絞って合否の判断をするとか、法学経済系であれば多様な窓口を設け、どこかで優れていれば合格させるとか、文学系であれば小論文一本で合否を決めるとか、発想を柔軟かつ多様化していかねばならないでしょう。高等学校の入学試験に関しても、ペーパーテストの結果だけでなく、中学校時代にボランティア活動をやったかどうかとか、学校外のさまざまな競技会やコンクールで入賞したかどうかなどを得点化して考えよう、という動きがあります。これなども副作用が心配な面がないわけではありませんが、子どもを一次元的に見るわけでないという意味では、大事な試みだろうと思います。何かをこう変えたら全ての問題が解決するといった決定的な方法は、入学試験に関してはないのではないかと私は考えています。どういうやり方をしても何らかの問題は残ると思うのです。しかし、「よりまし」な方法を求めていろいろ工夫を積み重ねていかなければならないと思うのです。今の入学試験の在り方は、子どもを学力の皮相な部分だけで序列化していくという面で問題が大き過ぎます。この点は、子ども一人ひとりの個性的な成長を阻害している最大の障害となっているのではないでしょうか。こうした現状に対して、いろいろな形で風穴をあけていかなければならないと思います。

(4) テストの得点に一喜一憂する状況があるか

結局のところは、子ども本人や保護者にとって、さらには学校の教師など教育関係者にとって、テストの持つ心理的な重要性をもっと減少させないといけないでしょう。子ども達が学校へ毎日行っているなかで、テストで何点をもらったかとか、成績がどうだったとか、といったことにこだわり過ぎると、本当の教育ができなくなってしまいます。

「テストは大事、しかし、たかがテストではないか」「成績は大事、しかし、たかが成績ではないか」という認識を持つようになってほしいものです。そのことを保護者自身が機会あるごとに自分自身に対して言い聞かせていかなければならないのではないか、と思うのです。子どもが学校を出て、30歳になって、40歳になって、50歳になって、本当にたくましく力強く生きていけるかどうかということは、学校のときのテスト、特にペーパーテストで80点取った、１００点取った、などということとは全然関係ない話です。テストで良い点を取るのも大事だけれど、それ以上に、底力のある育ちをしているかどうかにこだわってほしいのです。本当に自分の目で物事を見て、自分の頭で考えて、判断して、決断してやっていける力がついてきたかどうかにこだわってほしいのです。ペーパーテスト中心の従来のテストや成績にこだわっている限り、先になってから役に立つ底力や人間としての自立性は弱体化していく、ということを胸に刻み込んでほしいのです。

(5) 集団標準に準拠したテストや偏差値は不必要か

結論的に言うならば、集団標準に準拠したテスト（ＮＲＴ）は不必要ということではありません。例えば個別の学校を越えた広範囲で実施される学力テストであるとか、あるいは全国一斉の標準学力検査というものもあっていいと思いますし、その結果表示が偏差値の形で行われるようなことがあってもいいと思います。しかしながら、これだけで子ども本人も親も学校も学力を考えてしまうことになると、これまた困ったことになります。

学力を考える場合に中心になるのは、自分は何ができて何ができないのか、ということのはずです。さらには、自分にはこれができるということは非常に重要な意味を持つことだけど、この点についてはできようができまいがどうでもいい、という自分なりの学力内容に関する意味づけが大事になります。こうした認識が育つことこそ、個性的な学力が身につくということではないでしょうか。やはりその意味では到達基準に準拠したテスト（ＣＲＴ）の方がずっと優れていますし、また論文体とか論述式のテストを大事にしていくことも、そういう基本方向につながっていくことになります。これが中心的な学力把握の方法になっていって、補助的に標準学力検査といった形で集団標準に準拠したテスト（ＮＲＴ）が用いられる、というのが良いのではないでしょうか。学力そのものについての認識が何よりも大事なのですが、標準的な学力分布と比較した場合に自分の学力得点はどのへんに位置づくのか、という情報も持っておいた方がいいだろうと思うのです。ですから、単純に「偏差値をやめてしまえばいい」とは思いません。偏差値もあっていいけれど、それはあくまでも学力そのものを認識した上で補助的な情報として捉えていく、ということであってほしいと思うのです。

第9章 評価を重視して基礎・基本を育成する

1 子どもの学びの成果を常に意識する

教師が一生懸命に指導していこうとすると、子どものことが見えなくなってしまうことがあります。子どもに「このことを言っておかなくてはならない」「このことをこうやらせなくてはならない」ということが心を占めてしまえばしまうほど、目の前の子どものことが見えなくなってしまうのです。

また、教科書ではこういう筋道で、こういうことを教えることになっているのだからと教科書の中身だけから発想して学習指導のプランを組み立てていくと、子どもの実際の理解や関心の在り方などが、教師の念頭にないままの授業になる恐れがあります。

当然のことながら、こういうことでは子どもに着実な学習をさせていく授業にはなりようがありません。子ども達が今授業でやっている事柄について、どこまで分かっているのか、どこまで関心を持っているのか、といったことを教師の方で常につかんでいて、それを土台に指導していかなければ、子どもの気持ちとか理解の仕方に見合った的確な学習指導はできないでしょう。

　このように、学習指導を行っていく際には、さまざまな評価活動を行って子どもの姿をつかんでいないと、的確な指導、着実な指導ができません。このため、学習指導に先立っても（事前）、その最中においても（事中）、一段落したときにも（事後）、実態を把握するための評価活動が必要となるのです。特に基礎・基本に関わる内容や活動については、そのことに関する子どもの理解や関心の状況について事前の評価が不可欠でしょうし、また授業の中でも、そうした点に関する子どもの時々刻々の変容過程に目を配っていなくてはなりません。さらには、一つの単元が終了した時点で、あるいは学期末や学年末において、そうした基礎・基本が子ども一人ひとりにどのように実現したかを確かめなくては、責任ある教育になりようがないのです。

　まず最初に考えられるべきなのは事中の評価、授業の中での評価ではないでしょうか。子どもの姿、特に学習の様子、一人ひとりの内面に去来しているもの、を確認しながら指導していきたいものです。これがあってはじめて、期待した成果をあげるような授業になるのではないでしょうか。事後の評価は、これまでにも重視されてきたと言ってよいでしょうが、学期や学年の終わりの評価だけでなく、小単元や大単元の終わりに、授業が一段落したところで、子どもがこのことを本当に分かってくれたのか、本当にできるようになってくれたのか、こういう気づきを持ってくれたのか、こういう関心を深めてくれたのか、という確かめをしたいものです。

事中の評価については、これまで形成的評価の実践を試みる中で、いろいろと論議され工夫されてきています。また事後の評価については、通知表や指導要録での成績評価との関連で、特に到達度評価的な原則に立つ「観点別学習状況の評価」欄での評価との関連でさまざまな取り組みが見られます。しかし事前的評価については、これまでは多くの学校でないがしろにされてきた面がないわけでないように思われます。

前提能力とか既習知識ということがよく言われますが、今日やる授業の内容や課題に関わって、例えば「前の年にこれこれのことをやったはず」「前の月にこれこれのところまで分かるようになったはず」ということを土台に授業をやっていくわけですが、それが単なる「はず」にとどまっていたのでは困ります。本当に分かっているのか、本当にできるようになっているのか、どこかで確かめてみなければならないでしょう。そしてこの点については、この子は教科書のまま入っていっても大丈夫だけれど、この子は先にこういう点について復習させておかなくてはこの内容や課題は無理だろう、ということをつかんでおかなくてはならないでしょう。また、このクラス全体では7割の子どもはこの点についてすでに前提となる知識や技能はあるけれども、しかし残りの3割の子どもは少しまずい点がある、といった事情を把握しておかないと、本当に確かな授業は不可能になるのではないでしょうか。

それほど一般的になっているわけではありませんが、座席表を作って授業をするという習慣の小・中学校を見ることがあります。これは授業に入るときに、前の時間までに子どもがこういう発言をした、こういうことにこだわった、ここまではこういう形で分かっていたといったことをまとめて、教室での座席の配置にしたがった表にあらかじめ記入しておく、というものです。これによって「○○君はこれがすでに分かっている」「このことについてこういう関心を持っている」等々ということが一覧できるわけです。そうした座席表を準備した上で授業を進めるというやり方などは、まさに事前的な評価を非常に重要視した学習指導と言ってもいいでしょう。

もちろん、こうした形で、事前・事中・事後の評価活動を重視することが、子どもに対する「一方的教えこみ」につながっていくことがあってはなりません。そのためにも、子ども一人ひとりの内面にあるものにこそ常にこだわっていく、という姿勢が不可欠だろうと思います。特に学習指導においては、この子はどういう発想で、どういう課題意識を持って、どういう筋道でものを考え、どういうふうに自分なりに分かったとしているのか、その過程で教師の側からの働きかけをどのように受け止めているのか、ということをつかんでいく必要があるのではないでしょうか。

またこれと同時に、評価活動はやりすぎては駄目であることを常に念頭に置かねばならないでしょう。事中でも事後でも事前でも、大事なポイントだけに絞って子どもの様子を見ていくということでなくては、評価漬けになってしまいます。評価に伴う副作用が出てきたり、評価に一生懸命になりすぎて指導がおろそかになってしまったりする恐れがあります。評価のことは念頭に置きながらも、ポイントのみにこだわって、教育活動そのもののスムーズな展開を図っていかねばならないのです。

2 基礎・基本の育成を目指す確かな授業のために

学習指導においては、将来の長い期間にわたる生涯学習の土台づくりという意味から言っても、基礎・基本の育成という課題がきわめて重要な意味を持っています。基礎・基本が身についていなくては、自立とか自己教育力、自己学習力といっても、中身のない無意味な話となりかねません。何かを新たに学んでみようと思っても、その足場となることを何も知らない、新たな課題に取り組んでいくための技能を全く持っていないということでは、一歩も踏み出せないのではないでしょうか。

確かな授業とは、まず、そうした基礎・基本を、子ども一人ひとりにきちんと着実に学びとらせる授業のことでしょう。では、そのような確かな授業とは、具体的には、どのようなものなのでしょうか。

基礎・基本の重視とは、教科書に書かれている内容をそのまま覚えさせ、理解させることではありません。学校で期待されている考え方、今の世の中で通用する考え方として、教えられたことを「世渡り」のタテマエとして使うことはできるかもしれませんが、自分自身の体験や実感を理性化し、自分自身のホンネを鍛え深めていく「知」にはなりようがないのです。言い換えるならば、本当の基礎・基本として、子どもの内面で知的な武器となっていくためには、教科書に書かれていることが、子ども自身の実感や体験との関わりで吟味され、自分なりに納得できるところまで、内面における追求・探究・検討が積み重ねられなくてはならないのです。その意味において、学習者自らの課題意識と能動的取り組みが不可欠と言ってよいでしょう。

　またこれと同時に、教科書に書かれている事柄だけに限定して教える、という姿勢も乗り越えなくてはなりません。教科書の内容から発展して、教師自身が興味を引かれることや大事だと思うことをどんどん子どもにぶつけていくようでなくては、熱のこもった授業になるはずがありません。本当に血となり肉となる知識を得るのは、そうしたホットなコミュニケーションを通じてのことなのです。教科書は、最低限最小限の学力を保障するためのものであり、本来「授業の中で乗り越えるべきもの」なのです。

　確かな授業を、ここで述べてきたようなものとして考えるとき、教える側に、いくつかの点でどうしても配慮なり準備なりが必要となります。これだけはどうしても、という点だけに絞って、以下にあげておくことにしましょう。

(1)「願い」と「ねらい」の明確化——学習目標の体系的な設定を

　いつまでに何を、どういう形で分からせ、できるようにさせ、覚えさせればよいか、という見通しをはっきりさせたいものです。長い期間にわたって着実に学習成果の積み重ねを行っていくためには、少なくとも、単元ごとに目標分析表と目標構造図を作ってみること、学期・学年ごとに各教科・領域の主要到達目標を設定すること、が必要とならざるをえないでしょう。

(2) 学習の表（おもて）の構造の想定——指導の手順の明確化を

主要な単元目標に関して、どのような順序で何をやっていけば、その目標の到達に至るはずなのか、という見通しをはっきりさせたいものです。そのためには、教材分析をしっかりと行い、目標到達への道筋をフローチャートなどの形で想定してみることが必要となるでしょう。

(3) 学習の裏（うら）の構造の想定——学習上のつまずきや落とし穴への配慮を

学習の過程に想定される主要なつまずきや落とし穴についての洞察を深め、指導の中での配慮事項として、また診断の視点として活用したいものです。このためには、テスト結果の誤答分析とともに、授業での発問に対する誤反応の記述と分析、ノートやワークシートなどの記述内容の点検、などがどうしても必要となるでしょう。

(4) 子どもが自発的自主的に活動していくためのお膳だて——「援助」の手だてを

教師の側からの「願い」と「ねらい」の方向に向かって子どもが活動を展開していけるよう、学習の場の構成、教材・学習材、情報提示、発問、ワークシート、自己評価票、などをあらかじめ十分に準備しておきたいものです。これによってはじめて、児童・生徒の自発的自主的な活動と教師の側の指導とが、有効適切な形で結合していくことになるでしょう。

(5) 体験や実感に根ざし、自己の納得を追求する学習活動の支え
——子どもの内面世界に留意しつつ主体的な学習活動の支援を

子どもが自分自身にとって必然性のある問題意識を持ち、自分なりに納得できるまで考え抜くような学習の場を準備したいものです。このため、一人ひとりの内面世界の洞察に努め、その子の体験、感情、視点、論理、などが学習活動にうまく反映されるよう配慮すると共に、でき合いの結論を受け入れるだけで満足しないよう励まし続けることが必要とされるでしょう。

(6) 授業における形成的評価の工夫
——モニターとチェックの工夫とそれに基づく補充・深化の手だてを

授業の中でさりげなく学習の状況や成果を見てとり、それをその後の指導展開に生かすと同時に、一段落したところで小テストなどを行って学習成果の診断を行い、それに基づいて必要な補充学習を各自に指示したり深化学習の課題を与えたりしたいものです。これをうまく行うためには、評価ポイントをできるだけ絞り込むことと、授業そのものの邪魔にならないよう実際のやり方を工夫することが必要となるでしょう。

(7) 自己評価の場の設定——ときには自分自身の学習の状況や成果を振り返ってみる機会を

場合によっては１日の最後に、そしてできる限り小単元の終わりには、また簡単なものなら

毎時間の終わりに、自己評価の場を設定したいものです。そのためには、どのような自己評価票を準備し、どの時間に実施し、それをどう生かすのか、また自己評価ということそのものについての指導をどうするかを考え、準備しておかなくてはならないでしょう。

ここにあげた事柄は、いずれも各地の学校で、これまで形成的評価の実践研究として取り組まれてきたものばかりです。子ども一人ひとりに確かな力をつけていく教育、その意味で「結果に責任を持つ教育」、これこそ形成的評価ということで目指されてきた教育の在り方にほかならないからです。

3　形成的評価の思想に基づく援助の手だてを

基礎・基本を十分に留意しつつ子どもの自立した学びを大事にした教育を進めていこうとする場合、どのような取り組み方が必要となってくるのでしょうか。一人ひとりの子どもに対する援助の具体的な内容として、総合的には次のようなものを考えたいものです。

①　一人ひとりの学習を有効適切なものとするための援助

・学習の課題、場、活動の工夫と準備
・学習シート、ワークシートなど学習活動の支えとなるものの準備

・見返りカード、自己評価票など学習者の見返りの手だての準備
・学習の手がかりとなる豊富な参考資料の準備

②一人ひとりへの指導を有効適切なものにするための援助

・座席表、個人カルテ等での個別理解
・確かめの小テスト、観察チェックリスト等による学習過程での評価

③活動の中で一人ひとりを支えていくための援助

・励ましのまなざし、言葉かけ
・方向づけ、焦点づけの発問、言葉かけ

④主体的な学習者としての姿勢と能力を育成するための援助

・知的な渇きを持たせる体験の工夫
・多様な学び方を習得させる活動の工夫
・克己勉励《こっきべんれい》の習慣をつけるための学習指導、生活指導の工夫
・自省自戒《じせいじかい》の習慣をつけるための工夫

これらは形成的評価の理論を土台とした各地の実践の中で、いずれも大事にされてきた手だ

てにほかなりません。これまで繰り返し強調されてきたように、こうした実践を工夫していくためには、教師の側に授業観の変革をはじめとして、基本的な教育姿勢の確立が必要とされることは、改めて言うまでもありません。

ここで述べてきた考え方にたって、単元を中心として評価の働きを十分に考えた学習指導をシステマチックにやっていくために、今までに具体的な手法がいくつか提案されてきました。ブルームの提案した完全習得学習（マスタリーラーニング）などもその一つです。これはわが国に入って各地の学校で試みられ、その中で改善されてきたものです。これは、簡単に言えば、それぞれの単元について目標分析表、目標構造図を作り、それに基づいて指導順路案、単元指導計画を作って、その上にたつ1時間1時間の学習指導案を作っていこうというやり方です。

4 個別課題を追求する場合の評価の在り方

最後に、子ども一人ひとりに自分なりに何か書かせる、自分なりの作品を作らせる、自分なりの活動をやらせるというような場合、評価をどのようにやっていくか、について考えておきたいと思います。一人ひとりが違うまとめ方をする、違う作品を仕上げる、違う活動をする、ということで同一の評価観点からの評価は難しくなってくるわけです。しかし、一人ひとりの違いが学習活動としての必然性を持っているとしたならば、一人ひとり違うことをやったとしても評価はやはり大事にしなくてはなりません。

そこで重要になってくるのが、教師の側にどのような評価観点が準備されているか、ということです。例えば、一人の子どもには自分の通っている学校の良さについて、別の子どもには家の近くの動物園について、また別の子どもには家の近所のごみの収集はどうなっているかについて作文を書かせるとします。そうすると、テーマが違いますし、素材も違いますし、多分まとめ方も違うでしょう。しかしやはり、そういう作文を書かせる際に教師として何か基本的な「願い」があるはずです。例えば、書く前の段階での材料調べをしっかりさせたい、というような願いです。自分の学校について書くにしても、子どもがどこまできちんと下調べをして、資料を集めた上で書くか、ということがあるかもしれません。そして、このことについては動物園について書く場合でも、ごみの収集について書く場合でも、基本的には同じことであるかもしれません。もしもそうであるなら、そういう下調べをどこまでやっているか、実際に書く前に素材となるものをどこまで集めているかといった点は、共通の評価観点として重要になるでしょう。同時に、自分の思いをどこまで込めて書いたか、などということが願いになる場合もあると思うのです。客観叙述的に書くという作文の仕方もあるでしょうが、やはりエゴインボルブ（自我関与的）といいますか、自分なりにそのことに本当に関心を持って、自分でこのことをみんなに伝えたいという深いこだわりの気持ちを持って書いてくれなくては、作文として面白くないということがあるとしますと、やはり子どもなりの気持ちの込め方はどうなんだということが、作文のテーマの違いを超えた共通の評価視点になるわけです。

そういうことで、子ども一人ひとりが別々のことをやればやるほど、そこに共通した願いというものを明確にしなくてはならなくなるのです。何をやったとしても、とにかくこういうことだけはその子なりに深めていってほしい、大事にしていってほしい、工夫していってほしい、という個別の違いを超えた共通の願いというものを教師は明確化しなければならないと思います。これが十分に明確にされていないと、「この子はこの子なりにやっているから、それでいいじゃないか」ということになってしまいます。そして、結局は評価をしないで、「良かった、良かった」で終わってしまうことになるのです。そういうことで一人ひとりの子どもが自分なりにやるという学習活動は重要な意味を持っています。しかしながら、個別的な現れを越えてこういうことを実現してほしい、という共通の視点の絞り方をどうしても工夫しておかなくては指導も評価も不可能になる、ということを常に念頭に置かねばならないでしょう。

第10章 評価する側の目の問題

教育評価は結局、生身の人間である教師（教育する側）の目で子どもを見ていくということです。人間が人間を見ていくわけですから、そこに思いがけない落とし穴が潜《ひそ》んでいる場合もないわけではありません。しかしながら、人間が人間を見ていくという場合どういう限界があるのか、どういう問題が入り込みがちなのか、ということを知っているのと知っていないのとでは、ずいぶん事態が違ってくるでしょう。ある程度の予備知識があれば、自分が子どもについてある判断をくだした時に、ひょっとして自分の判断にはこういう歪みが入り込んでいるのではないだろうか、これこれの一面的な見方が知らず知らずのうちに入り込んでいるのではないだろうか、等といった自省自戒が可能になります。そうすれば、自分自身の判断について自己吟味しながら、評価活動をしていくことができることになります。

そうした意味で、人間が人間を評価するという場合について、その限界の具体的な内容や、そこに潜みがちな問題について、ここで少し考えておくことにしたいと思います。

1　評価の際に潜みがちな全般的な落とし穴

評価する側に潜みがちな問題、人が人を見ていく場合にどうしても落ち込んでしまいがちな落とし穴ということで、まず全般的な問題について考えてみることにしましょう。

(1)　教育目標と評価視点とが食い違っていないか

教育評価に関して最大の問題は、こういうふうに育ってほしいという「願い・ねらい」（教育目標）と、実際にどういう育ちが実現したのか確かめてみる点（評価視点）とが食い違ってしまうことがある、という点です。生身の子どもを目の前にしていると、いろいろな点が目につくことになります。また、子ども達にテストを実施すると、その点数ばかりに目がいってしまうということもあります。評価が一人歩きしてしまうのです。そうすると、本当はこういうふうに育ってほしい、こういう力を身につけてほしい、ということで教育してきたはずなのに、その教育の成果の評価が教育の願い・ねらいとかけ離れたところで行われてしまう、ということも生じてしまいます。

例えば、国語の力を本当につけてほしいということで教育したとしましょう。自分なりにこういうことを文章で書けるようになってほしい、こういう文章がきちんと読めるようになってほしい、という願い・ねらいを持って国語の授業をしてきたのに、評価をするときには、どうしても漢字の書き取りの点数ばかりがクローズアップされ、この子はこの漢字の書き取りで10点満点の4点しか取れなかった、ということだけで判断してしまって、その子が一つの文学教材をユニークな感覚で読んで理解したという大事な事実に目がいかない、というようなことが起こってくることがあります。あるいは、どうもこの子は教師の気に障るような話し方をすることが多い、この子の態度には反抗的なところがある、この子はどうものの言い方が可愛くない、ということがあるとしましょう。そうすると、それが評価に影響してしまって、この子にはこういう力がついてきた、だからこういう点は認めてあげなきゃいけないとか、この子は本当にこういう点では大きく成長した、だからこの点は評価してあげなきゃいけない、といった大事な事実が見落とされてしまうことがあります。そういうことで、まず第一に考えてみなければならないのは、実際に行っている評価が、教師として自分が願ってきた育ちの在り方と表裏一体のものになっているかどうか、ということなのです。

(2) 生身の子どもが見えなくなっていないか

もう一つ、全般的な問題として考えておかなければならないのは、記録されているものに注意がいき過ぎて、生身の子どもが見えなくなってしまう、という問題です。

ＩＣＴ機器が普及し、学校でもずいぶん活用されています。子ども一人ひとりについて各種の記録を累積していく個人データ・ファイルを作ることも当然のことになっています。例えば入学当初の様子はどうだったのか、各教科のテストで何点取ってきているのか、何回かの作文でどのようなことを書いたのか、運動会（体育祭）や遠足でどうだったのか、友人関係はどうなのか、等々といった記録がデータとして蓄積されていくわけです。そうすると、例えば学年末に成績づけをするときに、4月から1年間のその子のデータに全部目を通してみたくなったりします。もちろん、個人データに全部目を通すことは悪くないのですが、その際に気をつけるべきことは、1年近く経ってしまえば、あるいは半年も経ってしまえば、その子どもはすっかり変わってしまっているかもしれない、ということです。そのことを念頭に置いてデータを見るようにしないと、その子の過去（育ちの中で克服されてきたもの）にばかり目がいって、その子の育ちの現状が見えなくなってしまいます。更に言えば、その子の育ちの現状を評価しているつもりで、その子の過去（現在ではもうなんら事実ではない）を評価してしまう、という混同が起こってしまうのです。

例えば1年前に、あるいは半年前に、１００点満点で30点しか取れなかった、という事実があるとしても、最近のテストではいつも80点とか90点を取っているということがあるとしましょう。そのような場合80点とか90点を取っているという最近の事実、最近の実態を見ていくべきであって、1年前、半年前にどうであったか、などということは本来考えなくてもいいはずです。ところが下手をすると、1年前からのいろいろなテスト得点を単純に平均して、それによって学年の成績をつけてしまう、などということが起こってしまいがちです。つまりもう消えてしまった事実、すでに克服されてしまった事実までを、今の評価の中に算入してしまうという滑稽なことが現実に起こってしまうわけです。

累積された記録に目をとられてしまうということは、もちろん、ＩＣＴ機器に入っている個人データ・ファイルだけのことではありません。昔から教師は「閻《えん》魔《ま》帳《ちょう》」（教務用ノート）にテスト得点など各種の記録をつけてきました。こういうことは、教育プロセスの記録として非常に重要であるとしても、評価をするときには、やはり今ここで目の前にいる子どもがどういう力を持っているのか、どういう育ちの姿を現しているのか、といった点から見ていかなければなりません。昔のことをいろいろ細かく詮索してみるということは、教育評価の本筋ではないのです。

このことは親にしても同じことです。子どもを叱るときに、あなたは1年前こうだったじゃないの、2年前こうだったじゃないの、とすぐに昔のことを引き合いに出して叱る親がいます。これは本当に困ったことです。叱るのだったら今のことだけで叱らなきゃいけないのです。もちろん「これからは…」ということは言っていいでしょうが、以前のことをいろいろ言ってみても仕方ないのです。子どもは特に成長・発達の著しい存在です。したがって過去のことばかりにこだわっていつまでもそのことを言うといった姿勢は、評価という意味でも、もっと一般的に教育という意味でも、厳に避けなければならないことでしょう。

2　人が人を見る場合の一般的な歪み

こういう全般的な問題に加えて、人が人を見る場合に陥りがちな歪みの問題を考えておくことにしたいと思います。

人間が人間を見る場合、たとえ一人の子どものことを虚心坦懐《きょしんたんかい》に見ているつもりであっても、どこかで歪みが入ってしまっていることがないわけではありません。対人認知に関する心理学的研究の中でそういう歪みの類型がいろいろ指摘されてきています。ここでは主要なものを2種類だけ取り上げて考えておくことにしましょう。

(1) 背光効果（ハロー・エフェクト）

まず第一は、背光効果と呼ばれてきた歪みです。これは光背効果とかハロー・エフェクトと呼ばれることもあります。仏像などを見ると、仏像の背中から頭の後ろにかけて光の矢のようなものが半円形あるいは楕円のような形に描いてあったりします。その仏の高貴さの表現です。これを背光とか光背とか後光とか呼ぶわけですが、人が人を見ていく場合にも、そういう背光が暗黙のうちに入り込むことがあるのです。誰かが何かよく目立つ立派な特性を持っていると、どうしても後光が射したようになって、その人のあらゆることが良く見えてしまうということです。例えば、ある人のお父さんが偉い人であると、その人まで（実際には能力もあまりない、あるいは甘やかされて育ったために弱い面が多くあるかもしれないのに）どこか立派であるように見えてしまう、といった傾向です。

　学校でもそういう傾向はよく見られるのではないでしょうか。例えば、この子は成績が良い、テストをするといつも良い点を取る、ということがあったりすると、教師の方ではこの子は他の面での育ちもうまくいっているだろうと考えてしまう傾向があります。成績が良いと、責任感もあるだろう、指導力もあるだろう、基本的な生活習慣も身についているだろう、と暗黙のうちに考えてしまいがちです。実際に行動や性格に関する評定を小・中学校の教師にしていただくと、そういう偏り（成績が良い子は責任感も指導力もあるかのように見られ、逆に成績が悪いと責任感や指導力でも問題があると見られる）が非常に顕著に現れてくるのです。私自身何度かそういう調査研究をやってきて、このことを痛感させられています。

　しかしこれは、教師を責めてすむ問題ではありません。人間なら誰でもが持つ一般的な弱さとして理解しなくてはならないことです。したがって、こうした歪みが自分の目に入り込んではいないか常に自省自戒しなくてはなりません。この子には責任感があるように自分には見えるけれども、実際にはどのような具体的事実に基づいて私はこの子に責任感があると判断しているのだろうか。事実的な根拠は何もないけれども、成績が良いから何となくこの子には責任感があると思い込んでしまっているのではないだろうか。あるいはお父さんが責任感の強い立派な人だから何となくこの子も父親同様責任感があるかのような幻想を持ってしまったのではないだろうか。こういった形での反省をしてみる必要があるのではないでしょうか。

(2) 寛容効果（ジェネロシティ・エフェクト）

第二として、背光効果と並んでよく指摘されるのが、寛容効果です。これは、ジェネロシティ・エフェクトと呼ばれることもあります。相手に対して抱く感情によって、その相手に関する判断がどうしても色づけられがちになる、という傾向です。例えば「惚れてしまえばあばたもえくぼ」と言われるように、好きになってしまうと相手の欠点（あばた）までもが良いもの（えくぼ）に見えてしまうようになる、ということがあります。逆の言い方で「坊主憎けりゃ袈裟まで憎い」という非常に失礼な言葉もありますが、誰かを嫌いになってしまうと、その人の着けている衣服や装束までもが嫌になってしまう、ということがあるのです。相思相愛で一緒になった夫婦でも、倦怠期になり、あるいは夫婦間の危機を迎えると、お互いの「箸の上げ下しまでが嫌になる」と言われるのもこのことでしょう。

当然こうした傾向は学校生活の中でも生じています。例えば一人の教師が40人近くもの子どもを担任していると、どうしてもその中に自分と合う子どもも合わない子どもも出てきます。親の場合でも、上の子は自分としっくりくるけれども、どうも下の子はどこか自分としっくりこない、ということがあったりします。教師であろうと親であろうと、そういう合う合わないは子どもの前ではいっさい顔にも態度にも言葉の端々にも出さないように心がけなくてはなりませんが、やはり内心にそういう感情的な濃淡があるのは自然なことでもあります。こういう好き嫌いは、人と人とが出会うところではどこでもあることですが、ただ教育指導をしていく過程では、そして評価的な活動をしていく過程では、そういう感情による歪みや偏りが入り込まないよう細心の注意をしなくてはなりません。この点については常に厳しく自省自戒していかなければならないでしょう。

自分と気の合う子ども、自分が可愛いと思う子どもは、何をやっても「よくやっているな」と見えてしまうものです。しかし、可愛いとか、よくやっている、といった判断をなまじしてしまったために、その子に潜んでいる問題点が指導されないまま矯正されないまま大きくなっていって、その子自身が後になって非常に困ったことになる、ということもないわけではありません。もちろんこれとは逆に、どこか可愛気がない、どうも嫌だ、という子どもがいるとして、どうしても嫌な点ばかりが目につくということがあるかもしれません。しかし、そうした場合には親でも教師でも、意識的意図的に振り返りをしてみなければなりません。どうもこの子とは気が合わないから、そういうことで自分はこの子のこういう点を厳しく見すぎてはいないだろうか、悪い面まずい面ばかりをクローズアップして見ているのではないだろうか、といった反省です。そして、もっと良い面から見てあげることができるのでは、といった可能性も考えてみなくてはならないでしょう。

例えばこの子はいつも口数が多い。それを私はどうもこの子と気が合わない感じがあるから、おしゃべりだ、でしゃばりだ、自己主張が強い、というふうに見てばかりいたけれど、別の面から見れば、これはこの子なりの自己表現の力の発揮ではないだろうか、この子は自分の思いとか気づきを他の子ども達に本当に率直に語るという良い面を持っていると見ることができるのではないだろうか、ということにもなるのではないでしょうか。　一つの事実、一つの現象を見たとしても、それをどう判断するかはやはり感情によって影響せざるをえない面があります。しかし判断に大きな狂いが出てくることのないように、一つの事実、一つの現象にはらむ光と影の両面から、まずいといえばこういう面がまずい、しかし同時にこういう面では良い点もあるじゃないか、というふうに見ていきたいものです。

　こうした対人認知の歪みの問題について、心理学者はもっと他にも、紋切り型の固定観念（ステレオタイプ）とか対比効果（コントラスト・エフェクト）など、さまざまな類型をあげる場合があります。しかし、ここであげた二つが最もポピュラーなものと言ってよいでしょう。親にしても教師にしても、少なくともこの二つの可能性についてはいつでも念頭に置かなくてはならないだろうと思います。そして、どのように自分の内側でその歪みを是正して画一的な見方から脱していくか、ということを常に考えていくべきではないでしょうか。

　ここで述べてきたことは非常に難しい問題です。評価する側が自分自身の目、それ自体を自省自戒して見なければならないのです。これはちょうど、自分の目玉を自分自身の目玉で見る、ということになってしまうわけです。しかしこの問題は、教師や親の日常の在り方に基本的な点での反省を迫るものとして、非常に重要な課題なのです。

3 評価する際の具体的な諸問題

(1) 評価する際の公平さとバランス感覚について

評価する際、どの面でも［1］しかもらえそうにない子どもに、どこかで［3］［4］をつけてあげたい、と思うことがないわけではありません。そういうふうに無理にでもどこか良いところを探し出そうとするのも、やはり評価する側の一種の歪みになるのだろうか、という問題があります。

結論的に言うと、これは必ずしも評価する側の歪みということではない、と言っていいでしょう。この子にはこういう力しかない、ということは十分に認識しているのだけれども、次の段階への励ましという意味で、こういうふうな評価をしよう、ということもあっていいのではないでしょうか。これはむしろ教育的配慮と呼ぶべき事柄です。もちろんこれが無限定になってしまって、恣意的《しいてき》というか勝手な評価になってしまい、評価の信用を失わせるようなものになってはいけないでしょうが、やはりこの子にどこかで自信をつけさせたいとか、どこかでやる気を出させたいということで若干の配慮をする、ということは必要な場合があるのではないでしょうか。

(2) 教師と子どもとの間の関係と見る目の歪み

評価する際には教師と子どもとの間の関係が大きな課題になるように思います。良い関係さえできていれば、どんな評価をしても子どもの次の段階での育ちにそれが役立っていくでしょう。しかし、良い関係がないままなら、たとえきちんとした正当な評価をしていたとしても、子どもの育ちにはつながっていかない場合があります。きちんとした気持ちの通じ合いがあれば、厳しい評価をしても、それが生きていくのでしょうが、心の通じ合いが不十分なままなら逆のことになってしまいます。

しかし、子どもとの関係をあまり考え過ぎると結局はコトナカレになってしまい，相手に喜ばれそうな良いところだけを書いたり言ったりする、といった綺麗ごとの評価になりかねません。人間関係は、相手が大人であろうと子どもであろうと、結局は誠心誠意やっていくしかありません。子どもとの関わり自体が、綺麗ごとになってしまうことのないように、何よりもまず心が通じ合うような関係を作っていく努力をしなくてはいけないでしょう。そういう関係を作っていく努力をする中で、評価する側に潜みがちな歪みも是正されていくでしょうし、たとえ厳しすぎる評価をしてしまったとしても、前向きの建設的な形で受け止めてもらえるのではないか、と思います。

(3) 評価結果に対する反発にどう対処するか

子どもや親の側からすると教師からの評価結果等がどうしても納得できない、ということがあります。このため、親の方では強い言葉で教師に説明を求めたりすることがあり、ひどい場合には「モンスター・ペアレント」などという言葉で呼ばれているような現象も見られることもあります。こうした場合にも、教師たるもの冷静さを保って感情にとらわれない対応をしていかなくてはならないのですが、実際問題としては大変です。

子どもや親から思いがけない文句を言われたような場合、教師としてはまずそれを謙虚に受け止め反省してみなくてはならないでしょうが、それ以上の具体的な対応については、粘り強くやっていかなくてはならないと思います。

相手の親からこう言われるのでは困る、この子の将来のためにも、教師側からの見方をきちんと伝えておかなくては、ということがあったりします。こういう場合には、言葉を十分に選びながらも、やはり教師としてきちんと言っておかなくてはならないでしょう。その場合、教師としての見方の根拠となっていることを、できるだけ相手に理解してもらえる形で伝える努力が必要となります。親との単なる意見の違い、ということではなく、教師としてこういう学び舎育ちを期待して指導しているのだけれど、この子の場合にはこういう事実があって、という形で説明していくことが大事になったりするでしょう。

何を言われてもニコニコと受け止めているだけでは、結局は表面的なつき合いしかできなくなります。子どもとの間でも親との間でも、教師はやはり率直に対応すべき場面があるのではないでしょうか。ストレートな物言いをぶつけられたならば、それに対して「私は教師として、そういうふうに言われるととても嫌ですね。私としてはこのことをこういうふうに考えているんですよ」とか、「親さんの気持ちとしてそうおっしゃるのは分からないわけではないのですが、やはり教師の立場から言うと、こういうふうに全く別の方向から考えてみたいと思うのです」

と言わなければならない場合もあるでしょう。そういう率直なコミュニケーションを交わし合うことが必要な場合もあるということを、どこか念頭に置きつつ粘り強く対応していく、ということになるのではないでしょうか。

⑷ 子ども同士の相互評価で気をつけること

　子ども同士で相互評価をさせる、という形での調査研究を、長い年月の間、いろいろとやってきました。子ども達はお互い友達同士として日常生活を送っているわけだから互いによく分かりあっているはずだ、だからこれが一番正しい評価になるんだ、みたいなことを言う人もいますが、実はそうじゃないのです。やはり子どもも互いに好き嫌いがあって，相手への感情で互いを見てしまうという寛容効果を如実に示します。また背光効果も、教師の場合以上に強く現れる場合があります。私どもが調査した例でいいますと、他の子どもを楽しませるような話ができる子どもは人気者になりがちです。そして人気者は、あらゆる面で友達から高い評価を得るようになるのです。小学校の高学年から中学にいきますと，これに成績がプラスされます。成績が良いと友達から全てを良いように見てもらいがちになる、という傾向があるのです。中学から高校に行くと、成績だけでなくスポーツなどですばらしい成績をあげた子どもが皆から全肯定を受けがち、ということもあります。

　子ども同士の相互評価は、お互いを評価し合った結果をそのまま受け取るわけにいきません。親や教師の方では、仲間の子ども達からこう見られている、評価されている、という事実を手掛かりとして、子ども達のものの見方や考え方を指導していく、ということであってほしいと思うのです。

(5) 子どもの姿を多面的に見る

教師として背光効果や寛容効果の影響を全く受けることなく一人ひとりの子どもを見ていく、ということは、なかなか困難なことです。しかし、自分が素直に率直に見ているつもりでも、そうした歪みが知らず知らずのうちに入り込んでいるのでは、と時に反省してみることは大切でしょう。そして、そうした歪みから脱却していくための努力を、時に意識的にやってみるということがあってもいいのではないでしょうか。

一つは、子どもをできるだけ多面的に見ていこうということです。もう一つは、子どもを固定的に見ないで今現在のテンタティブな（その時限りの）姿として見ていこうということが大切でしょう。これら二つの方向を同時に考え合わせながらやっていくことによって、歪みの問題からかなりの程度まで逃れることができるのではないか、と思います。

多面的に見るというのは、例えば子どものさまざまな場面での様子を見ていくように努めるということです。そして、それを書き留めていく。例えば算数の時間には全然発言しない、ところが体育の時間になったら先頭に立って行動し、他の子ども達をひっぱっていっていた、というようなことです。あるいは、授業の時にはどうもおとなしくてぱっとしないけれども、登校とか下校の時の姿をちらっと見ると、下級生を上手にリードしたりして本当にイキイキとしている、といったようなことです。こうした形でいろいろな場面での子どもの姿を見ていくと、一人の子どもについて何らかの判断をする際に表面的に割り切って捉えるということが少なくなっていくのではないでしょうか。

このことと関連しますが、同じ子どもに関係している他の教師達と観察なり意見なりを交換することも必要であり、また有益でしょう。中学や高校なら教科担任制ですから、一人の子どもに対して数多くの教師が関わることになりますが、小学校の場合には一人の子どもを一人の教師が朝から夕方まで指導することが多いわけです。それでも時々は専科の先生や養護の先生や給食関係の職員の方々から、子どもの面白い言動について聞くことができる場合があるはずです。いずれにせよ、子どもをめぐっていろいろと情報交換をする機会を持つことは、一人の子どもを多面的に見ていく上で非常に大事なことだろうと思います。

こうした多様な情報を受け止めていく際に必要なのが、あくまでも一時的なテンタティブな姿として見ていく、という姿勢でしょう。「この子は結局はこれこれの子どもだ！」といった最終結論的で固定的な見方を避ける、ということです。一人の子どもを見ていく場合に、常にテンタティブに、断定を避けて、「今のところ自分が見ているところでは」といった限定をいつもつけて見ていく、その意味でいつでも含みを残すような子どもの見方をしていく、ということが大事だろうと思います。これは必ずしも容易なことではありませんが、常に自分自身に言い聞かせていかなければならない点だと思います。

第11章 評価される側の心理

1 他人から評価されることの居心地の悪さ

子どもにとって、親や教師からいろいろな場面で評価されるということ自体、大きな心理的重圧となります。他の人に見られているだけで誰でも緊張します。見られているということは、こちらに視線が向けられているというだけのことではないのです。見ている人が私のことをどのように値踏みしているか、どういう目で私を見ているのかが、どうしても気になります。そのため、何か落ち着かない気持ちになり、不安になるものです。

一般に他の人から吟味され評価されるということは、非常に居心地が悪いものです。この点については、テスト不安（test anxiety）というテーマ設定で、多くの研究が積み重ねられてきています。人からいろいろと吟味される、あるいはテストされる、といった場面では、誰でも精神的に緊張や不安が高まり、やることなすことがぎこちなくなるものです。さらには身体の面でも、下痢をしやすくなるなどの変調をきたすことがあります。もちろん、こうしたテスト不安、テスト場面での緊張については、大きな個人差があります。全然そういうことを気にしない人もいる反面、ちょっと人から見られているだけでどきどきしてしまって言うべきことも言えなくなる、という人もいるのです。

評価される場面で緊張とか不安に陥りやすい人とは、自信がない人、その評価結果を重視している人、そこでの評価状況に不慣れな人、社会的立場の弱い人、等であることが分かっています。どのように評価されるかによって大きな影響を受けてしまわざるをえない人は、当然のことながら評価される場面で緊張が強くなったり、あがってしまったりするのです。

2　一定の評価を受け続けることによる人間形成

もっと一般的にいうと、人間は周囲の人達から受けるまなざしに応じて挙《きょ》措《そ》動《どう》作《さ》を整える、という面を持っています。例えば何かをやっているとき、周りの人達がにこにこしながら眺めてくれているのなら、安心してそのことを続けることができます。ところが、その場で何かをやっているとき、みんなの目が咎めだてるような感じであったり、冷たかったりすると、何となくそのまま続けることができなくなってしまいます。そして、この場で私はどうするべきなのだろうか、どうするのが本当なのだろうかと、自分に求められていること、その場で妥当とされることを確かめてみたくなります。

周囲のまなざしが肯定的であるか否定的であるかを受け止めて、それによって意識しないまま周囲の期待する方向へ自分自身を変えていく、というのが人間の普通の姿であり、人間が社会的動物であると言われるゆえんでもあります。だから、他の人から肯定的に見られたり否定的に見られたり、他の人から良い悪いを吟味検討されたりするといった場面に置かれることが、その場面で緊張したり不安になったりという意識状態に影響するだけではなく、長い目で見ると、その人のものの見方、考え方、行動の仕方にまで影響してくることになるわけです。

例えば、いつでも厳しく評価されてきたという子どもがいるとします。学校の担任教師がいつも厳しい、家庭では親も厳しい、ということですと、子どもは周囲から「お前は駄目だ」という目で見られているという体験が多くなります。このため、いつでもどこかに「自分はこれでは駄目だ」という自己不充足感を持ち、自信がなく、いつも不安な気持ちになっていきやすくなります。逆に、何でも「いいよ、いいよ」と肯定し、受容してくれる教師とか親に長く接していますと、その子は全てにおいて自分を「これでいいのだ」と自己肯定し、自信を持ってやっていくようになるでしょう。もちろん前者が悪くて後者がいい、と単純に考えるわけにはいきませんが。

自分自身を肯定して、何でもこれでいいのだと考えてしまう傾向も過度になると、独善や自己過信に陥ってしまい、その子なりに伸びていくきっかけを失うことになる場合があります。したがって、何でも肯定すればその子が伸びるというわけではないことにも注意が必要でしょう。日常習慣的な意識状態あるいは自分自身の見方が周囲からの評価の在り方によって自ずから形成されてしまっている、ということを見落とさないようにしたいと思います。

3 アイデンティティー形成への影響

アイデンティティー（自己同一性）ということで、「私は本当のところは何者なのか」という自己規定の意識が問題になることがあります。誰もが自分自身を何者であるかと考えていますし、それを大前提として発言し、行動し、生活していっているのですが、そのアイデンティティーの在り方もまた、周囲からの評価によって大きな影響を受けています。

周囲からの評価にさらされ続け、どうしても周りの目を気にせざるをえなくなっている人の場合は、「位置づけのアイデンティティー」を持ちがちだとよく言われます。「位置づけのアイデンティティー」とは、自分に対する周りからのイメージや期待によって自分自身を見ていく、というアイデンティティーの持ち方です。みんなの目から見たら自分は何よりもまず中学生であって、少しおしゃべりだと見られていて……、といった形の自己意識です。外側からの評価にさらされ続けると、あるいは当人が外側からの評価を意識しすぎると、どうしても「位置づけのアイデンティティー」が形成されることになるのです。

これに対して、周りからの強い評価にさらされることが少ないとか、あるいは外側からの評価をはね返すような強い自負の念があったりすると、「宣言としてのアイデンティティー」が形成されることになります。「宣言としてのアイデンティティー」というのは、「私は本来こういう者なんだ」「みんなはこんなふうに私のことを見ているようだが、本当の私はこういう者なんだ」ということを強く意識し、またそれを外側に対しても強く押し出していく、という在り方です。

わが国の場合、多くの人は「位置づけのアイデンティティー」だけでやっていると言ってもいいのではないでしょうか。「宣言としてのアイデンティティー」が欠けているため、周囲の人が自分をどう評価しているのかがフィードバックされない状態になったり、あるいは周囲からの評価がそろって肯定的なものでなくなったりすると、アイデンティティーそのものが崩壊してしまうといった危機的状態になりがちです。しかしそこで自分自身を本当に見つめ直してみる、そして自分のあるべき姿を自分自身で考えてみる、というきっかけをつかむことができるならば、「宣言としてのアイデンティティー」が根強い形で形成されていくことになるのではないでしょうか。

いずれにせよ、「位置づけのアイデンティティー」「宣言としてのアイデンティティー」「アイデンティティーの崩壊」のそれぞれは、周囲の目が自分自身に対してどういう形で注がれ、自分自身がそこでどのように評価されるか、あるいは自分自身がそうした周囲からの目、周囲からの評価をどのように受け止めていくか、ということと深く関係してくるのです。主体的自立的人間としての中核をなすアイデンティティーが、このように、周囲からの評価によって大きく規定されつつ形成される、ということは常に念頭に置くべき重要なことではないでしょうか。

4 評価基準の在り方と人間形成

もう一歩これを先に進めて考えていくと、周囲からの目にしても評価にしても、それぞれに暗黙の基準があります。その基準の取り方いかんによってもまた人間形成の方向が、その人自身の意識の持ち方の基本的な方向づけが、変わってくることになります。相対評価や到達度評価（絶対評価＝目標に準拠した評価）、認定評価（絶対評価）、進歩の評価（個人内評価）の４種の評価基準の取り方を区別しましたが、これらの評価基準のそれぞれにさらされ続けることによって、特有のものの感じ方や意識の仕方が育っていくことが考えられるのです。

例えば、周囲からの見方が常に優劣や順位を問題にするといった相対評価的なものであるならば、いつでも自分の同類の人達と自分とを暗黙のうちに比較検討して、どちらが上かを気にするようになるでしょう。これがポジティブな方向で働くならば、独善に陥ることなく自分自身を社会的な意味で客観的に見ていけるようになるのでしょうが、ネガティブな方向で働くならば、いつでも競争意識に駆られ、真の意味での協調性の持てない人間となっていかざるをえません。ひどい場合には、自分が勝ち残るためには他の人を蹴落としてでも、といった人間が形成される恐れさえあるのです。

では、到達度評価であればどうでしょうか。これは具体的な目標や外的到達基準に照らして、この点では良いけれどこの点ではまずい、といった判断をしていこう、というものの見方です。教育の論理として評価を語る時、現在ではこうした到達度評価が繰り返し強調されるわけですが、こうした発想でやっていくことが長い目で見た人間形成上もバラ色の効果を持つと期待していいのでしょうか。確かにこうした見方でやっていくことがポジティブに働くならば、自分自身を別の意味で客観的に見られるようになるでしょう。他の人と比べてどうこうということは問題にならないが、自分がここで達成しなくてはならない、この点について現状では残念ながらまだ不充分だ、といった厳しい自己吟味ができるようになるはずです。これは、自分自身の現状を自分なりに常に吟味検討し、それを支えに自分自身を自分の力で伸ばしていこうという自己成長力、自己教育力につながるものです。こういう面があるからこそ、この到達度評価が教育の論理として特に強調されるといってもよいのです。

しかし、この到達度評価もネガティブに働く可能性がないわけではありません。例えばこれこれの事柄がクリアされなければいけない、これこれの基準までいかなければいけない、これこれの目標が実現しなければいけない，ということにあまり強くとらわれてしまうと、どうしてもそういう目標とか基準を絶対視してしまって、ゆとりとかふくらみのない人間になっていくのではないか、という恐れがあるのです。人間の生活の中では無駄なことも重要な意味を持つことがあります。無駄なことを通じてはじめて、ゆとりとかふくらみのある人間的な生活ができる、という面があります。ところが何にでも目標とか基準を意識してしまい、いつでもそれらを達成することに懸命になる、といった習慣を持ち続けてしまうことになりますと、面白いことならとりあえずのめり込んでみよう、といった気持ちの余裕が失われてしまうのではないかという恐れがあります。したがって、到達度評価も自己教育的な姿勢や能力をつけていく上では非常にいい評価法ではありますが、到達度評価的な教育環境にさらされ続けていくことによって人間味の乏しい育ち方をしてしまう、という不安がないわけではないのです。

それでは認定評価の場合はどうでしょうか。この場合には評価する側の人の心の中に「ここまでいったら大丈夫」という基準があって、それによって子どもを見ていくわけです。お花やお茶や踊りなど芸事を習うときには、お師匠さんが「これでいい」と言ってくれなければ駄目ですが、これが認定評価の典型です。そこに何らかの客観的基準があるわけではありません。お師匠さんの心の中にある暗黙の基準を満足させなければならないのです。このような形で、お師匠さんの心の中にある基準で評価され続けていくとどうなるのか。うまくいくとお師匠さんの持つ一つの深い世界を完全に継承していくことができるでしょう。そういう世界は必ずしも客観的な形で表現できるものでなく、お師匠さんの深い感覚として存在しているものと言ってよいものです。お師匠さんが自己の感覚に深く根ざして虚心坦懐《きょしんたんかい》に弟子のありようを見て指導していってはじめて、深い意味での芸術とか学問の継承が可能になるのです。しかしこれは下手をすると、お師匠さんに心理的に従属してしまうことになります。学校教育において教師がこうした認定評価でやっていくことになると、どの教師も結局は自分の心の中にある基準で「あなたはこれでいいよ、あなたはこれじゃ駄目だよ」ということになってしまいます。必ずしも客観的な基準があるわけではないけれども、「私が「5」だと言うのだから「5」なんだ、「A」だと言うのだから「A」なんだ」ということにならざるをえません。これは教師という権威に対しての盲従を育てていくか、そういうことに乗り切れない子どもの場合には教師に対する絶対的な不信が培《つち》かわれていくか、でしかないでしょう。

もう一つ、進歩の評価（個人内評価）の場合についても考えておくことにしましょう。これは以前に比べて今はこういう点で優れている、といった評価基準の取り方です。このような個人内評価、進歩の評価に慣れ親しんでいくと、そういう目で自分自身の在り方を見ていくようになり、自分なりのペースで自己の進歩・向上を図っていくという習慣が身につくことが期待されることになります。その意味では教育的に非常に望ましい効果が期待されるのですが、これがまずく働くと、前に比べて一歩でも前進していたらそれでいいじゃないか、と極めて安易な自己満足に陥ってしまう恐れがあります。これもまた外的・客観的な基準がないわけです。もちろん、そこに評価する側の期待や指導目標がきちんと入ってくれば「以前に比べて進歩した」ということも教育的な意味を持ってくるでしょうが、そういう意識も希薄であれば、結局は独善の中で実質的には停滞していくことになりかねないのです。

　このように評価基準の在り方は、長い目で見ると子どもの人間形成の方向に対して、それぞれ特有のメリット・デメリットを持つことが考えられます。だから本当は、相対評価がいいのか絶対評価がいいのか、などと簡単に言うことはできないのです。いずれにせよ評価の問題は、目の前の子どもの育ちをどう見てどう判断するかということだけではなく、そうした判断の仕方が子どもに対してどのような影響を持つか、という点からも考えられなくてはならないのです。この意味で、教育における評価の問題は、教育そのものの問題として考えなければならないのです。

5 評価されることに関わる諸問題

(1) テストされるのが嫌いな子どもをどうするか

テストが嫌いな子どもに無理にテストを受けさせるのは酷なような気がします。私自身もテストされることが小さい時から大嫌いでしたので、そうした拒否感情が如実に分かります。しかし今になってみると、やはり現代社会で生きていく限り、外部から評価されることに、テストされることに慣れていくしかないなぁ、と思ったりするのです。テストが嫌だからといって、テストされるような場をいつでも回避していると、あるいはテストされることのない状況ばかりで生きていると、結局は独り善がりになって、社会生活を円滑に営めないようになるのではないか、と思います。

世の中に出れば、自分の仕事を通じていつでも周りからテストされているという面があるわけです。どういう仕事だろうと、やはり周囲の目というものがあって、あれはいいとか悪いとか言われているわけです。そういう中で、やはり自分自身が人から評価されるということに対して慣れていかなければならないし、自分の思ったような評価を得られないことがあったとしても、それを上手に受け止めていく練習もしなければいけないのではないでしょうか。もっと言うと、いつも期待はずれの評価しか周囲から返ってこなくても、打たれ強いというか、精神的なタフさというか、「まあいいか」とやり過ごせるような気持ちが育っていくことが望ましいと思うのです。

(2) 良い点をできるだけ見つけて褒めてあげる

誰もが褒められたい、良い評価をされたい、という気持ちを持っています。そうした自然な気持ちを尊重して、子どもの良い点をできるだけ見つけて褒めてあげる、高く評価してあげる、ということは大事なことです。しかし、それだけでいいのでしょうか。逆の面から言って、厳しく評価したり叱ったりしたら子どもは駄目になってしまうのでしょうか。

人間誰もが生まれてから死ぬまで良い評価を受けたいものです。たとえ本当のことであっても、厳しい批判とか批評とかは嫌なことなのです。誇張があっても嘘が混ざっていても褒めてほしいというのが、多くの人の自然な気持ちではないでしょうか。ただし教育として考えるときには、本人がほしいものを与え、嫌がるものは避ける、というだけではすまない面があるのではないでしょうか。

褒めた方がいいのか叱った方がいいのか、ということについての心理学的実験がいろいろとあります。誰だって褒められると嬉しいし、叱られると嫌になるのですが、本来どちらも必要だ、という結果が出ているのです。しかし個人差がありまして、自信のない子、失敗しやすい子、気が弱くて内向的な子、そういった子どもの場合には褒める方を多くしてやらないとうまくいきません。逆に、自信のある子、何をやってもそつなくできる子、外向的で社交的な子、そういった子の場合には叱る方をむしろ多くした方がうまくいくのです。褒めた方がいいか叱った方がいいかではなくて、個人的に比重のかけ方は違っても結局は両方を共に必要とする、ということなのです。

もう一つ、ブルームの主宰した大規模な共同研究「タレント・ディベロップメント」の結果から明らかになったことですが、子どもが発達段階のどの辺にいるかによって必要な厳しさが違う、というのです。幼稚園から小学校の低学年の時は、全てを受け止め受け入れてくれる先生に出会ったかどうかが大きな意味を持つ、間違っていようが失敗しようが「まあいいよ、いいよ、また頑張ればいいからね」という先生に出会わなければ後で伸びていかない、というのです。ところが、中学生とか高校生といった思春期発達の時期になりますと、そういう温かいだけの先生であったら伸びないというのですね。中学とか高校では、どこか完全主義的な面があって、少々頑張ったとしても「まだ駄目じゃないか」と厳しく鍛え上げてくれるような面を持つ先生に出会わないと大きくは伸びない、というのです。大学生になってからでも同じでしょうね。青年期的な発達段階においては厳しいところもある先生に出会わないと伸びないのです。

こういうことを勘案しますと、確かに褒められたい、誰もが厳しいことはたとえそれが事実であっても口をつぐんでほしい、そして親とか教師はそういう気持ちを子どもが持っていることを分かっていなくてはならないのですが、しかしあえて時々は厳しいことを言わなくてはいけないのです。ただしそれは相手の性格とか発達段階を考えながら、どの程度まで厳しくするか、褒めることとの比率をどうするか、ということを考えていかなくてはならないと思います。

(3) 褒めることと叱ることと両親の役割は

褒めることと叱ることとの双方が大事だということは、家庭教育においても同様ではないでしょうか。その場合、両親の働きの分担ということが課題になるでしょう。

以前は厳父慈母ということが言われました。厳しいお父さん、優しいお母さん、というバランスがうまく取れていると子どもがきちんと育つ、というのです。今はしかし、残念なことに厳父なんてどこを探してもいないのではないでしょうか。とすると、現在の家庭内でのうまいバランスの取り方というのは、厳母慈父ということになるのではないかと思うのですが、いかがでしょうか。つまり厳しいお母さん、優しいお父さん、のバランスです。しかし今現実にあるのは、慈父慈母がほとんどなのです。どちらも優しいだけ、どちらも競って子どもの歓心を得ようとし、結局は子どもを甘やかしてしまう。そういう警鐘を鳴らしている人が少なくないように思います。いずれにせよ家庭の中でも、やはり役割分担を心がけて、たとえ嫌がられようともお父さんかお母さんかのどちらかが時々厳しく叱る、ということが必要ではないかと思います。

(4) 順位づけや相対評価へのこだわり

教育的には確かに順位とか相対評価へのこだわりを乗り越えるべきなのでしょうが、世の中の仕組みは人と人との比較を基にできている、という考え方もできます。そして実際には親も、順位づけや相対評価的な見方が必ずしも嫌いではない、と言っていいでしょう。子ども自身だって必ずしも順位や相対評価が嫌いなのではなくて、下の方に位置づけられるのが嫌なんです。自分が上の方になるんだったら大好きだろうと思います。

　しかも結局は中学から高校に行く、大学に行く、ということでも、そして就職するということでも、また職場に入って管理職になっていくということでも、順位や相対評価で自分や知り合いを見る、ということから逃れることはできません。このことは、親も子どもも割り切って考えなくてはならないと思うのです。割り切って、ということは、自分たちも丸ごと順位や相対評価で見ていくということではありません。もし仮に順位に直してみたら、相対評価で位置づけてみたら、なるほどこういうことなのか、ということを考えてみることなのです。そして、「そうだなぁ、社会的には確かにそういうことだなぁ、しかしだからといってそれがどうだっていうのだ！」という気持ちが育たなければいけないと思うのです。そういう気持ちの持ち方を、子どもが試験結果を受け止める中で育てていってほしいと思うのです。確かにクラスで順位づけをすると40人のうちの35番だった、これでは有名高校や有名大学に入れないかもしれない、しかし、たかが高校や大学への進学の話じゃないか、高校や大学だって自分に合ったところが見つかるはずだし、それに卒業した後の方がずっと長いわけだし、そこでまたいろいろとあるだろうし、ということも合わせて考えるべきでしょう。こういうことで、「たかが順位，されど順位」くらいの気持ちで受け止めることができるようになってほしいものです。そうすれば、子ども自身も親も余裕を持って、しかも相対評価的な事実もきちんと見据えて、やっていけるようになるのではないかと思うのです。そのためには、「結局は自分は自分！」という気持ちを強く育てていかなければならないと考えています。

資料編

実態を把握するための評価方法とその関連

❶ 実態把握の諸方法とその特性

教育活動におけるさまざまな必要に応じて子どもの実態を把握し評価するために、これまで数多くの方法が工夫され用いられてきました。学校で簡単に利用できるもののうち、主要なものをあげてみることにしましょう。

(1) 客観的な標準テストによる評価

テストの専門家によって作成された標準発達検査、標準言語能力テスト、標準学力検査など、いわゆる標準化テストを用いる方法。これは、テストの形態としては次の教師作成テストの場合とほとんど同じであることもありますが、広範囲の子どもにあらかじめ予備的に施行した結果に基づいて得点解釈の基準が作られていますので、国や都道府県といった広い視野のもとにおいて個々の子どもの水準、あるいはクラスや園、学校などの水準を知ることができます。

(2) 教師が作成するテストによる評価

もっとも一般的な評価方法であり、個々の教師が自由に問題を作り，得点の解釈をする方法。教師が自分の受け持っている子どもについて、自分の関心や目標との関連において把握したい点に関し、問題を作成することができます。筆問筆答（ペーパーテスト）の形をとるのが普通です。

(3) 質問紙（自己評価票を含む）による評価

専門家あるいは教師によって作成された種々の質問紙を用いる方法。設問に対して回答を記述あるいは選択するという点においては標準テストや教師作成テストの場合と同様ですが、子どもが自らの実状を反省あるいは診断によって答える――したがって回答に正答・誤答の別がない――という点で異なっています。自己評価の手だてとして用いられることもあります。

(4) 面接（問答法）による評価

教師と子どもとが対面し、口問口答によってさまざまな側面についての実状把握を行ったりテストをしたりする方法。面接法とか試問とか呼ばれることもあります。

(5) 観察記録による評価

幼児・児童・生徒・学生がさまざまな活動に取り組んでいる際に示す態度や発言などを観察し、教師があらかじめ準備したチェック項目や基準に照らし合わせて評価するという方法。実験・観察や探索・探険などの活動の評価方法として、また幼児教育における「遊び」の評価方法として特に重要な意味を持ちます。

(6) レポート・作文等による評価

何らかの課題を与えてレポートや作文を書かせ、教師があらかじめ準備した基準に照らし合わせて評価するという方法。ごく短いものである場合、1行コメントなどコメント記述法となることもあります。

(7) 製作物や実演による評価

図画工作などの活動を通じて製作された作品を提出させ、あるいは音楽や体育などで実際に演じさせ、教師があらかじめ準備したチェック項目や基準に照らし合わせて評価するという方法。

これらの評価方法はそれぞれ独自の特色を持つものです。したがって、どれがもっとも優れたものであって、どれがもっとも劣ったものであるといったふうに、一直線上に並べて比較することはできません。どのような目的を持って、どのような場合に、その評価方法が用いられようとしているか、といった個別的条件との関連においてのみ、それぞれの評価方法の優劣を考えることができるのです。したがって、教育活動との関連におけるそれぞれの目的に応じて最もふさわしい評価方法を用いていこうとするならば、どのような場合にはどのような評価方法が適しているかということを、いくつかの基本的な点について十分に検討しておかなくてはならないでしょう。

❷ 発達段階との関連

まず最初に、発達段階と評価方法との関連について考えておくことにしましょう。例えば、就学前の幼児や小学校低学年の児童と中学生とを比較してみるならば、いわゆるペーパーテストに対して適切に反応できるかどうかということだけでなく、細かいところにまで注意して問題を解いていく能力や自主的に課題を選んで最後まで仕上げるといった能力などの点でも、大きな違いが見られます。したがって、それぞれの発達段階において、利用困難な評価方法や、その逆に効果的であると考えられる評価方法、というものが異なってくるはずです。それぞれの評価方法とそれを実施するのに適した発達段階との関係については、〈表 資-1〉のようにまとめてみることができるでしょう。幼稚園や小学校低学年の段階では観察法や問答法などによって評価するのが無難であるのに対して、中学生以上の場合には各種のペーパーテストの施行や

〈表 資 -1〉発達段階にふさわしい評価方法

発達段階 ＼ 評価方法	幼児	小学校下級生	小学校上級生	中学生以上
標準テスト	○	○	◎	◎
教師作成テスト		○	◎	◎
質問紙法		○	○	◎
問答法	○	◎	◎	◎
観察記録法	◎	◎	◎	◎
レポート法			○	◎
製作物法	○	○	○	◎

◎印はその発達段階としてふさわしいものを、○印は一応用いることができることを表す。

レポートの提出などもすべて可能となり、また、それらが評価計画全体の中で重要な位置を占めることになるわけです。もちろん、この表に示したのは一般的な場合についてであって、教師の工夫と配慮次第で適用可能な範囲を拡大することが可能です。

❸ 教育活動との関連

それでは次に、教育活動との関連から各評価方法の特質を検討してみることにしましょう。

教育活動は、教師の側から見れば、指導・教授の過程ということになり、子どもの側から見れば広義における学習の過程ということになります。まず指導・教授過程と評価との関わりに

〈表 資-2〉教育活動との関連で各評価方法を用いる目的と意味

目的と意味 / 評価方法	教師にとって			子どもにとって	
	事前的評価	形成的評価	総括的評価	学習過程	被評価過程
標準テスト	○		○		○
教師作成テスト	○	○	○		○
質問紙法	○	○	○	○	○
問答法	○	○	○	(○)	(○)
観察記録法		○	○	(○)	
レポート法	○		○	○	○
製作物法		(○)	○	○	○

○印は、その目的あるいは意味で用いることができることを示す。

ついて考えてみることにしましょう。教育活動開始前に行われる事前的評価、教育活動の途上でなされる形成的評価、一連の教育活動がひとまず終了した時点でなされる総括的評価、という3種の評価のそれぞれにとってふさわしい評価方法とはどのようなものでしょうか。〈表 資-2〉にまとめておいたのが、各評価方法と指導・教授過程における評価の目的との可能な組み合わせです。例えば、教師にとって標準テストは事前的評価のためにも総括的評価のためにも用いることができる、というわけですし、また観察記録法は形成的評価のためにも使える、といったことがここに示されているわけです。

一方、子どもの方は指導・教授過程に対応して広義における学習過程を展開していくわけですが、この学習過程と教師による評価との関係について考えるとき、教師から評価のために与えられた課題をやっていくことが自らの学習過程の一部ともなるような場合と、そうでない場合とを区別する必要があるでしょう。例えば、学習過程としての意味合いも強くなるのはレポートや製作物によって評価されるという場合であり、それとは逆に学習過程としての意味合いをほとんど持たないのが各種のテストによって評価されるという場合です。

また、その評価方法を用いた場合に、評価されるという意識が子どもの側に生じるかどうかという区別も重要です。観察記録法の場合などは、子どもの側に評価されるとか評価されているといった意識が生じにくいのですが、標準テストの場合などのときには評価されていることを非常に強く意識せざるをえません。

❹ 各評価側面に適した評価方法

それでは、各評価方法は教授・学習成果のどのような側面を評価する場合に用いられるべきなのでしょうか。

各教科において特に重視される目標領域はそれぞれ異なっているでしょうが、一応、次の五つの側面は、どの教科にもある程度まで共通に含まれていると考えることができるでしょう。

①その教科が取り扱う対象や現象等に関する興味・関心。

②その教科に含まれる基本的事実や用語、法則性や原理等に関する知識・理解。

③その教科が取り扱う対象や現象の法則性や原理を探求するために必要とされる思考力・論

理力。

④その教科に関する基本的探求姿勢としての科学的態度や創造的態度。

⑤その教科の学習に関して重視される種々の技能。

これらはいずれも、それぞれの教科における指導目標を構成するものであり、また評価の主要領域ともなるものです。先にあげた7種の方法がこの五つの側面について評価を行う場合どのように適用されるべきであるか、を示したのが〈表 資-3〉です。例えば「知識・理解」の側面について評価しようという場合には、標準テスト、教師作成テスト、問答法が適しており、「思考力・論理力」の側面について評価しようという場合には、問答法とレポート法が適している、といった具合です。

〈表 資-3〉各評価側面に適した評価方法

評価側面 / 評価方法	興味・関心	知識・理解	思考力・論理力	態　度	技　能
標準テスト		◎	○	○	
教師作成テスト		◎	○	○	
質問紙法	◎			○	
問答法	◎	◎	◎	○	
観察記録法	◎	○	○	○	◎
レポート法	○	○	◎	◎	○
製作物法	◎			○	○

◎印はその評価側面にふさわしい評価方法を、○印は評価可能な評価方法を表す。

❺ 方法論的特質について

次に、少し視点を変えて、各評価方法の方法論的特質について考えてみることにしましょう。

各評価方法は、理想的には、それによって子どもたちの学力その他に関する実態の深い部分までを把握できるものであって、しかも、そのような把握に基づく評価が客観的になされるものであってほしいものです。しかし、この二つの要求を現実に兼ね備える方法ということになると、なかなか難しいことになってきます。大抵の場合、深いところまで実態を把握できるような評価方法の場合には客観性の点で問題があり、また客観的な評価方法の場合には皮相的な面しか捉えることができません。

〈表 資 -4〉各評価方法の方法論的特質

特質 / 評価方法	実態把握の深さ	評価の客観性
標準テスト	×	○
教師作成テスト	×	○
質問紙法		○
問答法	○	
観察記録法	○	×
レポート法	○	×
製作物法	○	×

○印はその点に関し優れていることを、×印は劣っていることを表す。

例えば、教師作成テストは、多くの場合、いわゆる再生法、選択法、真偽法、組み合わせ法、訂正法、完成法などといった客観テストの形をとっているため、得点を与える手続きという点における客観性は優れています。しかしながら、同じようにある問題に関して正答を得たとしても、その背後にどれだけの理解が実際にあったかということが全く分からないだけでなく、Aの点については理解しているがBの点については理解していない子どもと、ちょうどその逆の子どもとが、総合点が同じであるという理由で同一視されてしまうことも少なくありません。これに対してレポート法などの場合には、どの点についてどれほど分かっているか、というようなことはかなり深い点まで把握することができるわけですが、それを評価する場合に教師の価値観やその子どもに対する感情などによる影響を免れがたいということを考えると、評価の客観性が高いとは言えません。

それぞれの評価方法が、実態把握の深さと評価の客観性という点に関して本来的に持っている特性をまとめてみたのが〈表 資-4〉です。

ところで、各評価方法がそれぞれ持っている方法論的短所については、本来的なものとしてそのまま受け入れざるをえないのでしょうか。それぞれの短所を何とか補うような工夫を試みることはできないのでしょうか。確かに、各評価方法の短所として先にあげた諸点は、いわばその評価方法の本質的な点に由来するものでした。したがって、その方法を用いようとする限り、短所を補うといってもおのずから限界があることを認めなくてはなりません。しかし、工夫の仕方によっては、かなりの程度にまでそれぞれの短所を是正することもまた可能です。

それぞれの評価方法について具体的な是正法の要点を例示してみたのが〈表 資-5〉です。それぞれの方法の持つ長所を十分に活用するよう努めると同時に、この表に示されているような方向へ向かって短所の是正が試みられなくてはならないでしょう。

❻ 評価方法選択の視点

実際に評価方法を選んで用いようとする際に重要であると思われるいくつかの側面について、各評価方法の持つ特性を検討してきました。各評価方法の特性をしっかりと把握していなくては、目的に沿った評価方法の選択は不可能です。しかし、各評価方法の特質について知識を持っているだけでは、妥当な形で評価活動を有効適切なものにしようと考えるとき、まだ十分とは言えません。

何よりも重要なことは、教師が今、子どもに対して標準検査やテストを施行しようとしている、あるいはレポートや製作物を提出させようとしている、ということが、その教師の指導計画の全体の中でどのような意味を持っているのかを、その教師自身

〈表 資 -5〉方法論的短所の是正法

評価方法	短所是正方向	具体的方法例
標準テスト	深い把握	・正答・誤答のパターンから実態を構造的に把握できるよう質問構成の構造化を工夫する。 ・分節化した論文体テストなどを加味する。
教師作成テスト	深い把握	(上に同じ)
質問紙法	(深い把握)	・解答パターンから実態を構造的に把握できるよう質問構成の構造化を工夫する。 ・内容分析の枠組みを準備し、自由記述をさせる。
問答法	(客観性)	問題の配列法、正答・誤答の基準をはっきりさせておく。
観察記録法	客観性	観察の要点と評価の基準を明確にする。
レポート法	客観性	評価の観点と基準を明確にしておく。
製作物法	客観性	(上に同じ)

がはっきりと自覚していることです。教育評価の諸方法は単なる測定法や実態把握法ではありません。評価活動は単に教師の好奇心を満足させるためのものではありません。教師は、その評価方法を用いることによって何を知りたいのか、その結果をその後の指導過程にどのように生かそうとするのか、その時点でその評価方法を用いることによって子ども達にどのような刺激を与えたいのか、といった諸点について総合的に意識していなくてはなりません。そのような自覚を持って評価方法や時期が決められる場合にはじめて、「評価のための評価」や「単に点数を出すための評価」ではなく、一人ひとりの子どもの真の成長に役立つような評価とすることができるのではないでしょうか。

〈参考文献〉

1 梶田叡一『教育評価』有斐閣、1983年（第2版、1992年）
2 梶田叡一『教育における評価の理論（全3巻）』金子書房、1994年
3 梶田叡一『教育評価＝学びと育ちの確かめ（改訂版）＝』放送大学教育振興会、1999年

あとがき

最後に、プロローグで示した問いに、もう一度戻りたいと思います。

「教育評価」とは何か、何のための「教育評価」か……。

本書をまとめた２０２０（令和２）年は、未知のウィルスが世界を席巻した年でした。このウィルスは感染力が非常に強いことに加え、感染者に対する有効な治療方法が不明。ワクチンもなく世界中で多くの方が亡くなりました。日本でも感染拡大を防ぐためにさまざまな対策がとられました。大規模な休校措置もその一つです。

長期間、登校できない子どもたちに対してどうやって学びを確保するのか。登校再開後も短縮授業が続き、規定通りの授業時間の確保が難しい中、どう優先順位をつけていくか……。全国の教育関係者、学校関係者が難しい判断を迫られました。

そこに改めて「子どもたちは何のために登校しているのか」という問いが生まれました。それは、登校せずに自宅でもできることは何かを見極める中で出てきた問いですが、裏返せば、登校しなければできないことは何なのか、登校するのは何のためなのかという、学校教育に対する根源的な問いを、教育関係者、学校関係者らに突きつけるものでもありました。

私たちは普段、ある種のルーティンの中で暮らしています。一つひとつの行動について、いちいち「これは何のためにするのか」「目的は何なのか」といったことを考えることはしません。それらを明らかにすることは大事だと分かっていても、実際にはルーティンの一つとしてこなしているにすぎないのです。

それは、学校教育についても言えます。何のために多くの税金と人々のエネルギーを費やして学校教育を行っているのか、何のためにテストをやり、成績をつけ、評価をしているのか——。

普段であればそういったことを考えずにルーティンとしてやっていても何とかなります。しかし、例えば大きな災害が起こったり、大きな出来事があったりしてルーティンではすまなくなったとき、「そもそも何のために」という問いに直面するのです。

本書をまとめた2020（令和2）年は、そういう年でもありました。

学校教育において、何のために評価をするのか——その本質を知っておく必要があるのは、教師や保護者ばかりではありません。まさに学校で教育を受けている子どもたち自身も知っておく必要があります。

なぜ学校ではテストがあるのか。自分なりに頑張って作った作品に成績がつけられるのか、一生懸命走ったり、歌ったりしているのに順位がつけられてしまうのか……。そういったことを知らないまま、子どもたちは学校に通っています。そういった「なぜ」を抱えたまま机に向かい、先生の指示にしたがって学習し、そして「評価」を受けているのです。

そのような状態が続く中で子どもたちは、「評価」を受けることで何らかの意欲を持つことができるでしょうか、もっと頑張ろうと思えるでしょうか、「評価」を受けることに喜びを感じるでしょうか。

そしてそれが、次の学びへとつながっていくでしょうか。

「評価」とは何か、何のための「評価」なのかを明らかにすることは、教師や保護者だけのためではありません。本来の機能をもった「評価」を受けることによって子どもたちは、「評価」を受ける意味を理解し、より良い「巣立ち」に向かって歩みを進めていくことができるのです。

本書は、こうした「教育評価」の基礎・基本に関わる問題を学び直してみようという人達のためにまとめました。そのため、教育評価についての主要な問題のみを選び、大局的な視点から整理して解説しています。

学校現場にいる教職員の方々や教員志望の学生諸君のために、ということを念頭に置いたため、できるだけ平易に述べてありますが、内容的には現在の評価研究の最先端に関わる部分も含まれていると自負しています。

本書の土台となったのは、放送大学教材『教育評価——学びと育ちの確かめ』（１９９５年）です。放送大学客員教授を引き受け、１９９５年度から２００５年度までラジオ講座で「教育評価」を担当しましたが、その時にテキストとして用いたものです。市中の一般書店でも販売されましたので非常に多くの方に読んでいただきました。

今回、この本の主要な章を全面的に加除訂正し、文体も敬体（です・ます）に改めました。元のテキストの雰囲気を伝える意味もあって、多くの章で質疑応答的な内容を最終節として残しています。

本書がこのような形で刊行されるに当たっては、文溪堂の前編集本部長・岸　保好さんと編集部の所　眞千子さんに、多大なお世話をいただきました。ここに記して、心からの謝意を表したいと思います。

2020（令和2）年8月
大阪北摂箕面の寓居にて

梶田　叡一

著者紹介

梶田 叡一（かじた・えいいち）

島根県松江市に生まれる。鳥取県米子市で幼小中高校を卒え、京都大学文学部哲学科(心理学)に学ぶ。文学博士。国立教育研究所主任研究官、大阪大学教授、京都大学教授、兵庫教育大学学長などを経て、現在は桃山学院教育大学学長。これまでに中央教育審議会副会長・初等中等教育分科会会長・教育課程部会長・教員養成部会長などを歴任。
主な著書に、『教師力の再興』文溪堂、『形成的な評価のために』明治図書、『〈いのち〉の教育のために』『人間教育のために』金子書房、など。

装丁・デザイン／川尻まなみ（株式会社コスミカ）
DTP／三浦明子（株式会社コスミカ）
編集協力／金子聡一（株式会社装文社）

教育評価を学ぶ ―いま問われる「評価」の本質

2020年10月　第1刷発行

著　者	梶田叡一		
発行者	水谷泰三		
発行所	株式会社**文溪堂**		
	東京本社／東京都文京区大塚 3-16-12	〒112-8635	TEL (03) 5976-1311 (代)
	岐阜本社／岐阜県羽島市江吉良町江中 7-1	〒501-6297	TEL (058) 398-1111 (代)
	大阪支社／大阪府東大阪市今米 2-7-24	〒578-0903	TEL (072) 966-2111 (代)
	ぶんけいホームページ　http://www.bunkei.co.jp/		
印刷・製本	サンメッセ株式会社		

ISBN978-4-7999-0379-7　NDC375　216P 210mm × 148mm